積み石の位置を慎重に確認する

イメージに合う石を選ぶ

野面石を横積みにする工法は石の強度をもっとも引き出すことのできる工法といわれている。
石の強度を損なわないよう、最小限の加工を加えることで組み上げていく。
そのためには石と対話をしながら作業を進めていくことが求められる。

積み石の微調整を行う

最低限の加工をほどこす

石と「対話」し、その声に耳をかたむける

左右から目で確認する

奥行きのない大きな石は滑りやすい。そのため重心を適格な位置に定める。加えて石垣の斜度と横の面を揃えることで、美しい石垣を築くことができる。

高い所での作業は足場の上で行なう。さらに山の壁面と石垣の間に空間を設けて通路として使用する。

この通路は石の置き場になり、大小の栗石を詰めることで丈夫な石垣を築くことができる。

重機を使い高所で必要とする石を上げる

高い所の作業には足場を築く

穴太衆積みと近江坂本の町《あのうしゅうづみとおうみさかもとのまち》

須藤 護

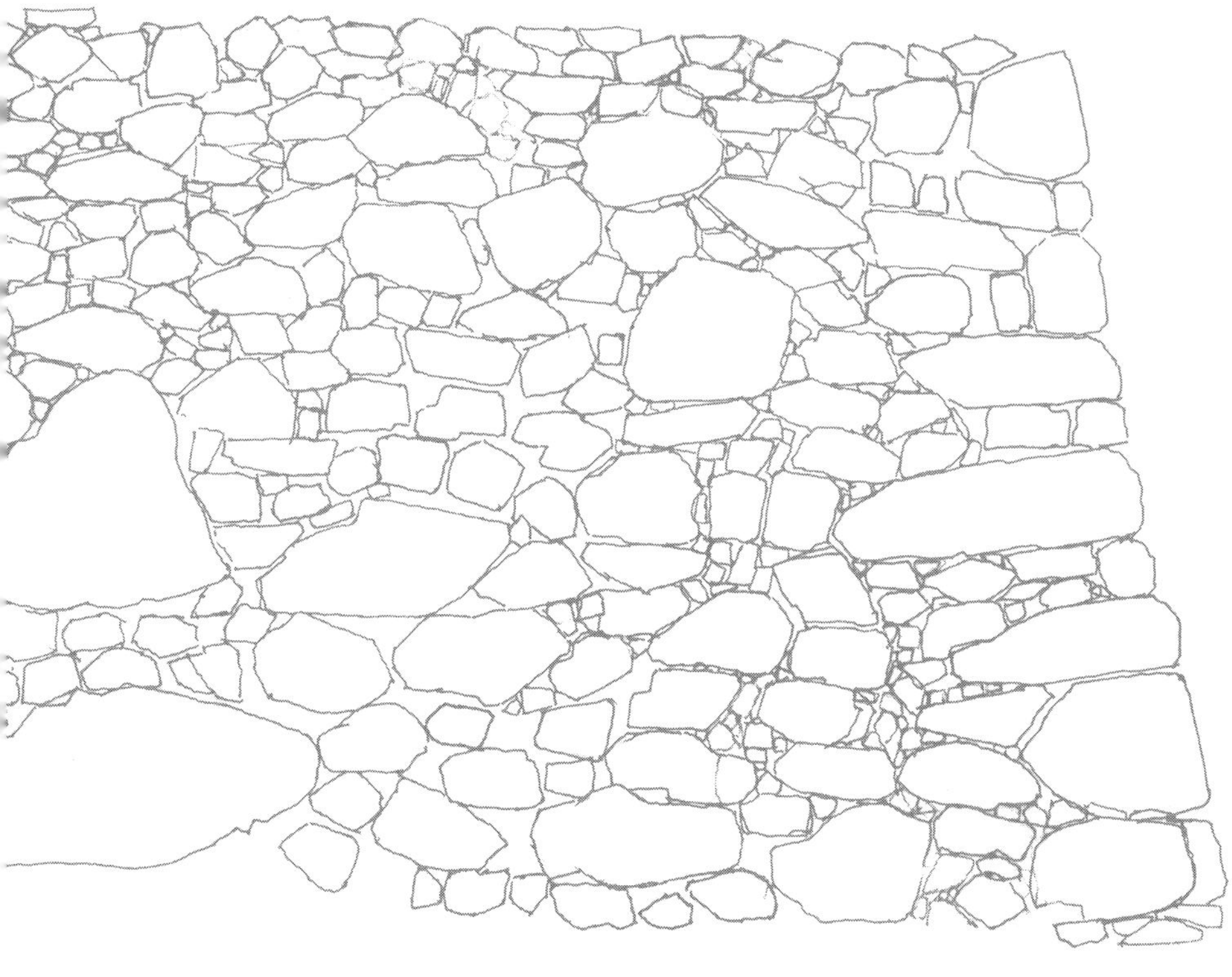

目次

はじめに

比叡山延暦寺と日吉大社の門前町である大津市坂本の町を歩いていると、いたるところで見事な石積みに出会う。この石積みは野面石（自然石）をさほど加工せずに積み上げたもので、野面積みといわれている。この地方では穴太衆積みとよんでいる。もとより日本には石を活用する知恵と技術は、縄文時代以前の古い昔から存在していた。しかし石を積んで施設を構築する技術が登場するのは、さらに時代が下ってからだといわれている。

坂本の町でみられる石積みは野面石を横石積みにしたもので、この技術は、古墳の築造、とくに古墳時代後期から飛鳥・奈良時代にわたって築造された横穴式古墳の石室の構築技術と、共通点が多いという印象を持っている。この形式の古墳は、琵琶湖の西側においては大津市志賀里から穴太を経て坂本までの間に数多く築造されている。

森浩一氏は「横穴式石室をもつ古墳は、高句麗で完成し、直接あるいは伽耶（朝鮮半島南部の地域名。任那とも言われた）を経て日本の各地に受容された」と述べておられる（森一九九一）。高句麗（ＢＣ三七～ＡＤ六六八）は中国東北部から朝鮮半島北部にかけて存在した国であった。高句麗の古墳の壁画には、日（三足烏）と月（ヒキガエル）が描かれたものが多くみられるが、日本の装飾古墳、寺院の須弥壇《しゅみだん》や仏像の台座に描かれた日月や四神図、また熊野信仰に象徴される三足の八咫烏《やたがらす》などを頭に浮かべてみると、興味が膨らんでいくテーマであろう西暦六六三年には日本と百済の連合軍が、唐と新羅の連合軍と戦って敗れた。その後大陸や半島からの侵攻を防ぐ目的で山城が築造されたが、その山城の石の積み方にも共通したものがあった。この時代の山城は北九州や瀬戸内地方に多くみられるが、なかでも金田城（長崎県対馬）、大野城・基《き》肄《り》城（福岡県大野城市・佐賀県基山町）、屋島城（香川県高松市）、高安城（大阪八尾市）等が知られている。これらの城は朝鮮式山城とよばれ、朝鮮半島と共通した形を見出すことができる。また共に戦って敗れた百済の技術が投入されたとみていい。

『日本書紀』の天智天皇三年（六六四）には、西海の防備として「この年、対馬・壱岐・筑紫国などに防人と烽《のろし》台を置いた。また筑紫に大堤を築いて水を貯えた。これを水城といった」とあり、翌年の秋に「達卒答本春《とうほんしゅん》初《そ》を遣わして、長門国に城を築かせた。達卒憶礼福留《おくらいふくる》・達卒四比福夫《しひふくぶ》を筑紫に遣わして大野城・椽（基肄）城を築かせた」とある。百済からの渡来者を現地に派遣し、山城を築いたのである。

いずれにしても、野面石を用いた横石積みの形式は、中国東北部から朝鮮半島にかけての地帯と関係が深い技術である。その技術は日本においても古代の山城に活用されており、また戦国期から近世にかけて築造された多くの城の石垣の中に同じ形式のものがみられ、古代からの伝統技術を引き継いでいるのかもしれない。

さて坂本に石積みが多いのは、後に述べるように比叡山延暦寺と日吉大社との関係が深いからであった。さらにはその地名が示しているように、斜面が多い地域だからであろう。琵琶湖をはさんで東側の湖東地方には広い平野が広がり、見事な水田地帯を形成している。しかし湖の西側に目を向けると、南から北へ向かって比叡山・比良の山並みが続き、その山並みはさほど平地をつくることなく琵琶湖に落ち込んでいる。比較的広い平地を得ようとすると、石垣を築いて土地を造成する必要があった。

とくに山岳宗教の拠点となった延暦寺は比叡山の山中にあり、坂本の人びとは「お山」とよんでいる。古くは一六もの谷々に多くの堂宇が建てられていたといわれている。高山ではないが起伏の多い山中であり広い平地を確保する必要があった。大寺院を建築しようとするとなおさらのこと広い敷地を必要としたのである。

また延暦寺は比叡山西麓の京都、そして東麓に位置する坂本とも深い関係にあった。京都には政治の中心である朝廷が存在していた。また東麓の坂本は中世以来物資の集積と輸送の拠点として重要な位置を占めており、修行を積み、お山での役目を終えた高僧が坊を営んでいた。この間の情報や物資を運ぶ山道の管理は山上の人びとにとっては重要な関心事であり、山中において強固な道を構築するために石積みの技術が生かされたように思う。

穴太衆や石積みの歴史・技術等については後に項を変えて述べることにして、まずは堅固な石積みの技術を保持している現代の石工はどのような人で、どのような家柄であるのか、ということからはじめたい。

現在、坂本に野面石を横積みにして石垣を構築できる石工は二人おられる。その人は粟田という石工さんで、第一四代純司氏と一五代純徳氏である。粟田氏の先祖をたどっていくと徳島県(阿波国)の出身のようで、屋号は阿波屋、初代は喜兵衛といった。喜兵衛は享保二

（一七一七）年の生まれで、十二、三歳の頃、見習い職人として徳島城の普請に関わったと伝えられている。その後の動向は明らかではないが、第一一代を万吉といい、万吉の代には坂本に居住地を定めていたことがわかっている。

古来、木地師・石工・たたら師・鍛冶師などの技術をもつ職人は移住をことにしていた。より良質な材料が得られる所に出むき、そこを仕事場にすることが合理的であったからである。そして材料がなくなると次の場所へ移動し、さらに材料がなくなると別の場所に移動していった。また現場での作業であるから、注文を受けると指定された現場に移動することになる。そのため使用する道具はきわめて少ない。作業ごとに道具を使い分け、多くの道具を駆使する居職の職人よりも、少ない道具を多様な場面で使う技術を保持していた。

粟田家のご先祖が関わったとされる徳島城は藩主である蜂須賀氏の城であった。天正十三（一五八五）年、豊臣秀吉の四国平定後、家臣の蜂須賀氏は長曾我部氏に代わって名東郡（現徳島市一宮）の一宮城に入城した。そして翌年に吉野川の沖積平野である現在の徳島に城を築いて移っている。徳島城自体はすでにないが、今日なお見事な石垣をみることができる。

一宮城は標高一四四mの山の上にあり、この城もすでにないが石垣はみることができる。前面に鮎喰《あくい》川、後方に険しい山をひかえた山城で、十四世紀前半の築造であったという。城域は東西約八〇〇m、南北約五〇〇m、本丸跡のほかいくつもの曲輪の跡、城門跡、倉庫跡、炊事場である釜床跡、堀や土塁が残っている。とくに本丸を取り巻くようにして築かれた城壁は、ほぼ当時の姿をとどめているようにみえる。その城壁は徳島城のものと共通点が多いことが指

一宮城本丸跡の石垣（徳島市一宮）

摘されている。

　戦国時代末期から近世初期、各地で城や城下町の建設が始まる。石積みを得意とする石工たちは大名に抱えられて仕事をするようになった。徳島城もその例にもれない。しかし元和元（一六一五）年に一国一城令が発布され、築城ラッシュが一段落する元禄時代（一六八〇～一七〇四）になると、石工たちの多くは石積みの仕事を失うことになった。そしてその一部の人びとは、土木事業や旅稼ぎなどに関わることで生計を立てたという。徳島の一宮城もこの時代に廃城になっている。

　未開拓の土地を開墾して定着した石工の集団もあった。徳島県の山中に坂本（勝浦郡勝浦町）という村がある。その村に見事な石垣が築かれているというので行ってみると、元は近江坂本から城つくりに来ていた人びとが開墾をして定着した村であったという（一四代粟田純司氏談）。開拓のために必要な用水路も石組であったという。すでに徳島城を築いた人びとの子孫は

徳島県勝浦郡勝浦町坂本の石垣

住んでいないが、石垣が残っていたのである。このような村が熊本県にもあるという。

栗田家は一一代目万吉が桶屋を営みながら井戸掘り職人として、近江の坂本で仕事をしていたことがわかっている。坂本での屋号を「桶万」といった。しかし徳島時代から坂本に定着するまでの過程はよくわかっていない。職人の移動の記録が資料として残っているのは、漆器の素地である木地椀を製作してきた木地師のみで、その他の職人の移動のあり方は明らかではないのが現状である。栗田家の場合は「阿波屋」という屋号を名乗っていたことで、徳島出身ではないかという推定ができる。

井戸を掘ってきれいな水を保つには、その壁面に石を積むことが行われた。しかも井戸の底で水を貯めるために桶を使うことが多かった。石積みの技術を修得していたとみられる万吉は、やがて正式に延暦寺に出入りすることを許され、道路や石垣の補修を任されることになる。延暦寺と西教寺、そして日吉大社をひかえた近江坂本という土地が石積みの技術者を育て、その技術を継承させてきたのである。

延暦寺は三塔十六谷に多くの堂宇が建っていた。一部には三〇〇〇もの堂が建てられていたともいわれている。多分それほど多かったという意味であろう。山中であることから平地を得ると同時に、土砂崩れなどの災害を防ぐためにも堅固な石垣が必要であった。

延暦寺での仕事は、石垣の修理や道路等の土木工事が主であったという。石垣修理をするときには積んである石を解体しもう一度積みなおす。先人が築いてきた石垣を解体し修復作業を何度も経験していくなかで、古い石垣がどのようにして構築されているか、堅固な石垣の工法を学ぶ機会が多かったのではないかと思う。とくに土台になる重要な石を「根石」といい、建設当初からの古い石が残っていることが多かった。

この仕事が一二代目弥吉、一三代目万喜三に受け継がれていく。延暦寺に築かれた石積みは、長い年月を経ても崩れない堅固な造りであり、それは石の積み方と排水のあり方に大きな特徴があったことがわかっている。加えて大小の野面石をバランスよく積むことで美しく仕上げることも重要な要素であった。いつの頃からかこの石の積み方を穴太衆積みというようになる。一三代万喜三は祖父と父親の仕事を間近で観察する機会に恵まれたであろう。

万喜三が実体験として穴太衆積みの技術に接し、その技術を会得できたのは穴太頭大久保氏の存在が大きかったようである。大久保氏の祖先は、文禄三(一五九四)年に普請が始まる伏見城の築城に参加した穴太頭の一人であった(126頁)。当時大久保氏は旧高畑村(後述)に居住し、多くの弟子を育てていたという。その中で万喜三は、穴太衆積みの基本を獲得することに努め、大久保氏の石積みの技術と石と向き合う姿勢を学び、継承していったのではないか。石と対話ができるすぐれた石工であったと伝えられている。

昭和三十八（一九六三）年、安土城の石垣修復工事が始まり、万喜三と一四代純司氏がこの仕事を請け負うことになった。安土城は戦国大名織田信長の居城として知られている。この城には大きな石を多用しており、巨大な石が崩れて下の方にたくさん落ちていたという。また雑草が伸び放題であった。まずは草刈りをすること、そして巨石を上に持ち上げる作業が始まりであった。重機を使うことができない現場での作業であったが、十五年の歳月を経てその石垣は見事に復元された。当時の城はすでにないが、山頂からの眺めがいいので安土城公園として多くの人びとが訪れる公園となっている。

篠山城の修復で石組をする万喜三（兵庫県丹波篠山市、昭和42年頃、粟田家提供）

また昭和三十九（一九六四）年には東京目黒の馬事公苑に角櫓《すみやぐら》を建てる計画が立てられた。東京オリンピック開催のために都内の各所で建設工事が行われ、その際に江戸城で使われていた石垣が出てきた。角櫓の基礎にその石材を使うという計画であった。万喜三が工事を請け負うことになった。

万喜三はここでも野面石積みに腕をふるった。万喜三が上京した際に「近江の穴太衆が江戸にやって来た」という新聞報道がなされ、当時大きな話題になったという。戦国末期から近世初期にかけて、江戸城をはじめとして各地の城の建設に穴太衆が活躍した輝かしい歴史があったからであろう。安土城の石垣の修復作業と角櫓の基礎工事の二つの仕事が高い評価を受け、その仕事が全国的に知られるようになった。三〇〇年あまりもの月日を経て、穴太衆積みの石垣が再び世に出ることになったのである。

一四代純司氏は安土城の修復作業で一人前になった人であるが、その修業時代の話によると、「父は次の石を積むときに石置き場の石をじっと見つめて、そこの三つ目の石を持ってこい、というのですよ。これがピタリとその場所にはまっていくんですね」。石をみただけで、何でわかるのか不思議でしかたなかったという。

「父は石と会話をしていたのですね。石をじっと見ていると、石の方から手を挙げてくれるというのですよ。それを持ってきて積むのですね。私もだいぶ年月を経てから、たくさんの石を見回しているとどうしても気になる石がみえてくるのですね。何度見回してもその石が気になるんです。それを持ってくるとぴたりとおさまるようになりました」という。「石の声を聞くことのできる石工」が誕生した瞬間であった。

この稿では「野面石の布積み(後述)」という石積みの工法を主要なテーマにしている。この石積みには基本的な約束事がいくつもあって、その工法を継承している石工を「穴太衆」といっているようである。しかし個々の石工の個性や考え方によって、基本的な約束事を継承しつつもその表現の仕方は異なっている。この稿、とくに第1章でいう「穴太衆積み」は、粟田家が代々石積みや修復の仕事をしていく中で先人の技術を学び、その技術を尊重し、継承してきた現代の穴太衆積みということになる。

今回の石積みは、万喜三の下で石積みの技術を見習い、直接指導を受けた一五代純徳氏と、氏に師事する二人の若い石工の仕事を中心に記録したものである。一四代純司氏には石積みに関わる多くの話をうかがう機会を得て、この稿に厚みを加えることができたことは幸いであった。なお、この稿では、粟田氏と記した場合は一五代純徳氏を指すことにする。

第1章　穴太衆の仕事

1　石積みの手順と技術

(1) 石積みに使われる石

門前町坂本の日吉大社へまっすぐ向かう道路を井神通りという。古来よりの正式な参道ではないが、JR湖西線の比叡山坂本駅に通ずる道であることから、日吉大社や延暦寺を訪れる人びとはこの道を利用することが多い。数年前から歩行者の安全をはかるために歩道を広げる工事がはじまり、石垣は道路拡張のために取り壊された民家の敷地に構築された。

屋敷の広さは一〇〇坪ほど、石を積む幅は正面が約一五m、奥行き二〇mほどになる。屋敷は坂道の途中にあり、上手(日吉大社側)と下手(琵琶湖側)の高低差は約一mになる。この敷地内に正面(北側)と下手にあたる東側側面(琵琶湖側)に石垣を積む作業であった。

使用する積み石は比良山中から産出する比良石であった。花崗岩である。一言で花崗岩といってもその種類はたくさんあって、その中で石の選択は石工の感性によるところが大きいという。また石垣を築く場所の環境を配慮して石を選ぶこともしている。今回石積みを行う環境は、屋敷のほぼ正面に地域の

公人屋敷の石垣（旧岡本家））

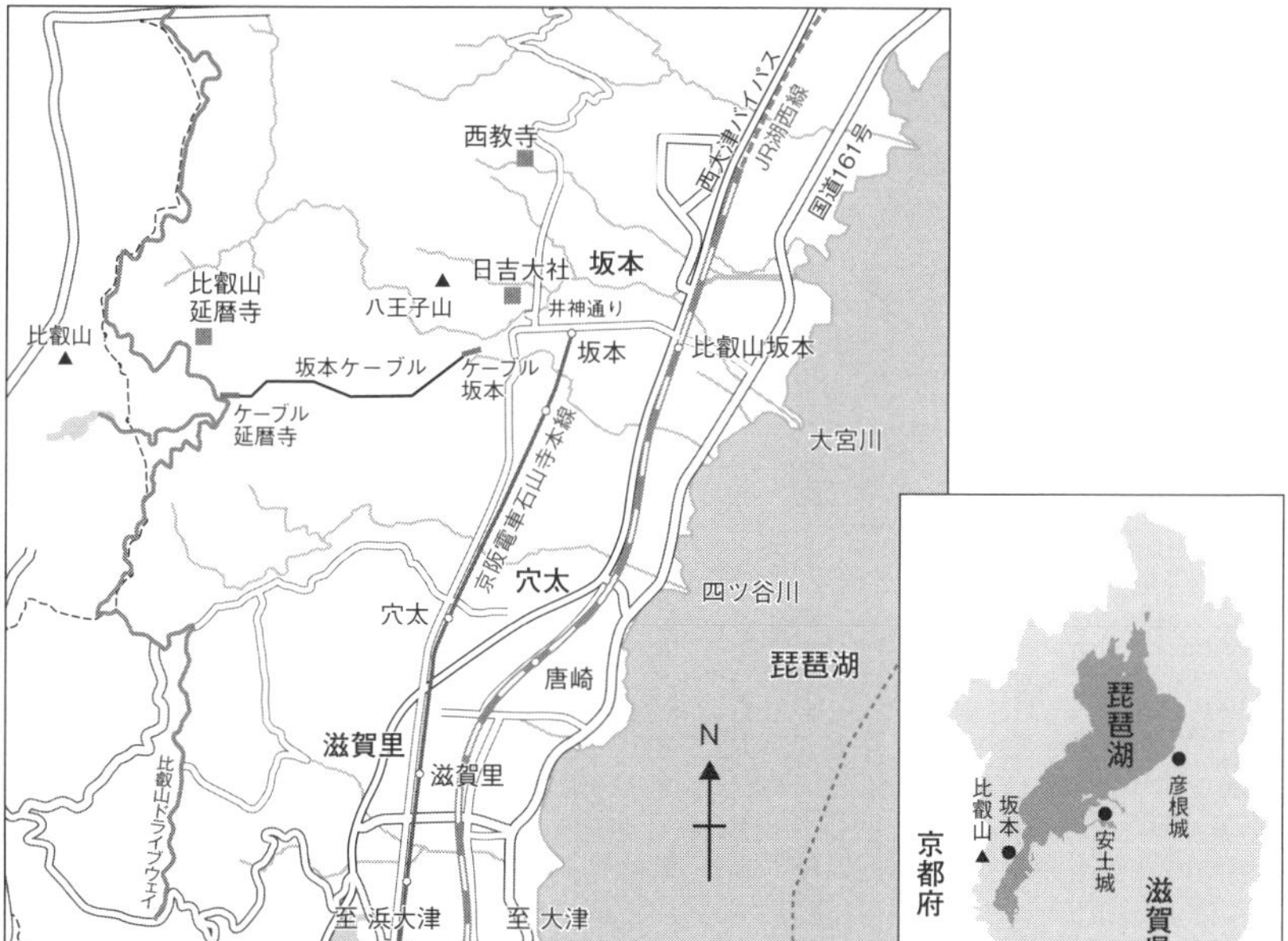

図1　京都、大津、坂本の位置図

石垣建設前の敷地と積み石

氏神である御田神社が鎮座している。神社の境内には坂本では数少ない井戸があって、水の神である水葉女《みずはのめ》神が祀られている。井神通の名はこの神社が存在することによる。

小さな神社ではあるが、鎮守の森を残した由緒ある神社で、境内を取り囲むようにして古い石垣が築造されている。その下には駐車場をはさんで公人《くにん》屋敷が保存されていて、やはり屋敷の周りには堅固な石垣が築かれている。公人は延暦寺の谷々に存在する堂宇の管理、延暦寺領の租税の徴収、日吉山王祭を取り仕切るなどの役割をしていた還俗を許された僧であった。屋敷は坂本に構えていた。新築する家の塀として穴太衆積みを選択した施主は、このような環境を損なわないよう配慮したのだと思う。また粟田氏は施主の想いを重視して石の選択をしたようである。

使われた石は比較的明るい角のとれた野面石（自然石）であった。私が知る限りでは、花崗岩の中で石積みに使われる石は二つのタイプがあって、その一つは独立した野面石である。このような石は河原に転がっていたり、山の中に埋もれていたりする。石自体の色は多様であるが、比較的

第１回目に運ばれてきた積み石

角のとれた穏やかな形をしている。もう一つは大きな石の塊を石の筋目にあわせて割ったもので、比較的表面が平らであり角ばっているものが多い。

　栗田氏は前者を選んだのであるがその理由は、古い石垣をみて歩くと、近くに石が得やすい所に石垣を築くことが多いということであった。重機がない時代に石を運搬するのはたいへんな作業であり、また大きな石を上にあげる作業もたいへんな労力を要する。古い時代の石垣は周囲にある比較的小さな石を拾い集めて使ったのではないかという。そのような石垣が坂本の町には適しているという考えのようであった。

　石の種類は積み石のほかに、介石《かいいし》、間詰石《まづめ》、栗石《ぐり》の四種類を用いる。介石や間詰石は小型の石でやはり花崗岩を使う。介石は積み石を安定させるために使う石、間詰石は野面石と野面石を積んでいくと必ず隙間ができるので、その隙間にはめ込んで石組を美しくみせ、さらに強固にするために使用する石である。また栗石は水はけをよくすること、石組や基礎をしっかり固定するために使う。間詰石よりもさらに小粒の石で、京都の宇治から仕入れているという。

石を積む順序は何通りかあるようだが、粟田氏の場合は基本的には表正面に向かって左（下方）から右（上方）に、また裏の正面はその逆の方向に順序よく積んでいく。しかしとくに大きな石はその安定性を優先させて置く場合がある。その際に石と石の間に多少の空間ができるので、そこに小型の積み石をはめ込んで、石垣を連結させるという置き方もしている。石の積み方、またその順序についてはこれから具体的に述べていきたい。なお、この稿では道路に面した北側の石積みを中心にみていくが、道路に面した面を表正面、屋敷側を裏正面ということにする。

間詰め用、介石用に用いる小型の石

石垣と石垣の間に詰める栗石

（2）基準になる石

積み石を選ぶ　石積みの作業には設計図はないようである。古くは家大工も船大工も詳細な設計図をもたず、板図（板に描いた簡単な平面図）や、地べたに棒のようなもので間取りを描いてイメージを作ったものであった。また材料を選ぶときは、今日のように製材所が整備されていなかった時代は、大工の棟梁が直接山に行って立木をみて、柱梁材や桁材・板材などに適した立木を選び、先山（伐採職人）と木挽き（製材職人）が伐木・製材したものを使用した。

石工の場合も同様で、設計図は頭《かしら》（親方）の頭の中にあるという。あらかじめ今回積む予定の石垣のイメージを作りあげた後に、石の集積場や石屋へ出かけていって目の前にあるたくさんの石の中から使用する石を選定し、持ち帰ってくるのである。今回は城壁のような大規模な石垣ではないが、完成までに五回ほど石屋に通っている。石積みの段階によって使用する石を使い分けているようであった。比較的大きな石や不定形な石は下段、もしくは中段で使い、天場に使用する石は形の整った小型の石を使った。

基準になる角の石　さて、屋敷内の整地を終えて平らな面をつくると、レベル等によって地面の傾斜角度、石積みの幅などを確認する。今回の敷地は上と下の高低差が約一m余りであったので、下手の高さは約一・九m、上手の高さを約八〇㎝に設定した。そして積んでいく石の高さと壁面の傾斜角度を間違えないように、あらかじめ基準線を定めて水平に糸を張るのであるが、水平をとるときは水準器を使用している。この糸は石が積み上っていくにしたがい徐々に上げていき、最終的には石垣の天場まであげることになる。

屋敷は東西にはしる井神通りに面していて、西が日吉大社（上手）、東が琵琶湖側（下手）になるので西の標高が高く、東の標高が低くなる。このような条件下では、下手の東北の隅に基準になる石を置くことが定石であるという。この石を基準にしてすべての作業が始まる。基準になる石は一番目立つ石であり、また上からの荷重に耐えられるようどっしりとした大きな石で、しかも形のいい石を選んでいる。

今回の基準になった石は、高さ一m九〇cmの間に四個の比較的大きな石を積んでいる。一番下の石は幅六五（五〇cm）・高さ約六五cm、二番目の石は幅約七五（五〇cm）・高さ四五cm、三番目は幅四〇（四〇cm）・高さ約六〇cmである。そして天場の石は幅約三〇（六三cm）となっている。石の大きさは琵琶湖側からみたもので、カッコ内の数値は正面からみた数値である。

角石の積み方　穴太衆積みの特徴の一つは角の石の積み方である。長さの異なる石を交互に積むことが穴太衆積みの定石になっている。算木積みといい、木を積むときと同じ積み方である。今回の場合一番下の石は北側が長く東側が短い。二番目の石は逆に東側の石が長く北側の石が短い。三番目の石はほぼ同じ長さであるが、天場に乗せた石は北側が長く東側が短い。長さの異なる石を交互に積むことにより、横揺れに強い構造を生み出している。強度を増加させるとともに、バランスのいい美しさも表現しているのである。

また今回の場合、東面の外側の石垣にはとくに意識的に大きな形のいい石を使っている。それは日吉大社に向かって上がってくる人の目に留まりやすいからであろう。工事中に足を止めて作業を見入る通行人が多かったが、口々に「下からみる石垣がとても力強く豪快な感じがする」「きれいな石垣ですね」と感想を述べる人が多かった。

石積みの基準になる東北角の石組（２段目）

東北角の石組（琵琶湖側）

(3) 石積みの作業

石を移動するときは、石置き場から適切な石を選んでショベルカーで釣り上げて移動する。このような重機がなかった時代はロクロの原理と滑車を活用して重い石を釣り上げたという。そのロクロは海辺から船を引き上げるときに用いるロクロと原理は同じであり、何人もの人夫が力いっぱい綱を巻き上げることで石を釣り上げていく。

石垣の土台　石積みの手順は以下のとおりである。まず石垣の幅に応じて土を削り取り、栗石を敷いていく。石垣の土台つくりである。今回は一般住宅用の石垣でありさほど高い石垣ではないので、土台の幅は約八〇cm、土台用の栗石を敷く幅は一mほどであった。繰り返しになるが最初に置く石は正面と側面の角に置く石である。石を積み上げていくときもまずこのコーナーに置いた石を基準にして正面と側面の石を積み上げていくのである。

城壁などの高石積みの場合は基礎になる部分がさらに深く、幅も広くする。一般的には深さ一mから一・五mほど、幅二m

屋敷の東側面の基礎になる石組

から二・五ｍほどを掘って土台用の栗石を敷く。さらに地盤が軟弱な場合は杭を打って丸太を敷いていく。高石垣の基礎と積み方について、また石の移動や高所にもち上げる作業と道具に関しては、後に項を変えて述べる予定である。

石積みの基本　石を積む際にもっとも大事なことは、上に積む石は必ず下の二つの石の上に横長の石を置くことであった。つまり下に置かれた二つの石と接点をつくることで、上に積んだ石の強度が保たれることになる。この積み方を布積みといい、石の強度を活かした工法であった。一つの石の上に一つ

下の二つの石にかかるよう上の石を置く

正面（道路側）と背面（屋敷側）の基礎になる石組

の石を重ねて積むことは、下の石と一つの接点しかとれないので穴太衆積みの場合はやむを得ない場合を除いてしてはならないことであった。そして上の石の荷重が確実に真下の二つの石に伝わり、その荷重が真下の地面に伝わることが重要であった。穴太衆積みの石垣が長い年月を経ても崩壊しない強さはこの考え方から生まれている。

穴太衆積みのもう一つの基本は、小口よりも奥行きに長い石を使うことである。長い方を奥行きにすることでより安定性が増すことになる。この積み方を「ごぼう積み」といい、とくに高石垣や城壁の構築には欠かせない工法であった。さらに積み石の背後に介石を置く。介石は積み石に水平に置くことで、地震などで石が動いたとき積み石とともに介石が水平に動くので、石の損傷や移動が少なくなると

石の移動は重機を使用することで労力が大幅に軽減された

積み石の位置確認して慎重に石を置く

いう。この介石の置き方をおぼえるだけで三年はかかるようである。穴太衆積みにはみえないところにすぐれた知恵が隠されている。

北東の角石　今回の場合はすべての石の基準になる北東の角の石は一番目立つ石になる。そのため多くの石工は形のいい石を選ぶ。穴太衆積みの特徴は自然石をさほど加工せずに使う豪快な積み方であるが、自然の形を活かしつつ、見栄えをよくしていくために成形することも少なくない。自然石の良さをさらに磨いていく、という表現が正しいのかもしれない（27頁下の写真参照）。

積み石に介石を置いて仮置きする

いつの時代からか石積みの構造的な美しさと、どっしりとした重量感が喜ばれる時代がやってきて、穴太衆積みの石工たちはさらに腕を磨いた時代があったように思う。石垣を美しくみせるには全体の姿が美しいことはもちろんであり、加えて石の力強さ、豪華さや美しさが人の目を惹きつけることになった。その象徴的な所が角の石組であった。

側面の石　側面の石垣も大きな石と小さな石をバランスよく置くことによってリズム感が生まれる。なおかつバランスがいいことは、構造的にも安定していることにつながっている。また大きな石の置き方によってイメージの違いが表現される。一般の民家の場合は背の低い石垣が多い。多少見下げるようになるので大きな石を上に置くと豪華な感じがする。しかし見上げるような高石垣の場合は、目の上に大きな石が置かれているとかなりの圧迫感を感ずる。そのような石の置き方は城壁に多いという。石の置き方は多分に石工の個性によるもので、豪快な積み方を好む石工、穏やかな積み方を好む石工など、石工の人数だけ石垣の多様さが表現されていることになる。

積み石を置く　さて、選んだ石を所定の位置に置くときは釣り上げた石を慎重に下ろしていく。所定の位置に正確に下ろすことができないと、重い石の移動に余計な手間と時間がかかることになる。すでに記したように、石を置くときにもっとも注意をはらうことは、必ず下の石が上の石を二点で支える位置に置くことであり、上からの荷重が確実に真下に伝わるかを確認することであった。

この際に避けなければならないことは、下に置かれた二つの石の谷間に積み石のとがった部分を積むことであった。これを谷積みといい、谷に入ったとがった部分に力が集中するので、大きな力が加わった際に崩壊する危険性が高いという。それぞれの石が複数の支点に支えられ、上からの荷重を下に伝えていくことができなければ、自然に高い方から低い方へ強い圧力が加わっていく。そして石の圧力が一点に集中する。最終的には低い位置に設定した北東隅の基準になる石に大きな負担がかかり、長い年月を経る間に崩壊する危険性が高くなる。穴太衆積みの基本は一つの石、あるいは一点に荷重を集中させないことであった。

新たな石を置いた後は、あらかじめ水平に張った糸と石の面が平行であるかどうか、またすでに置いてある石と新たに置いた石とのバランスがとれているか、重心が真下に伝わっているか何度も確認す

積み石がしっかりと納まるように
下の石をノミで修正する

積み石の余分な部分をはつり、
的確な位置に納める

縦と横の並びと石の角度が揃って
いるか左右から確認する

縦と横のバランスの確認

次に積む石の幅と高さを見きわめて
適切な石を選ぶ

バールを使って積み石の微調整を行なう

る。とくに背の高い石垣を積むときはこの方法を確実に実行していかないと、大きな地震が起こると石が滑ってしまうという。

よって一つの石を仮置きしておいて背面に介石を置いて仮どめする。そしてあらかじめ想定していた位置に置けているかどうか、必ず右と左の両方の方角からにらみ、石垣の縦の面と横の面が揃っているか何度も確認する。そしてバールを使い、テコの原理を応用して重い石を少しずつ動かし、少しずつ修正を加えていく。そして正確な位置が決まると石の背後に介石を積み石と水平になるように置いて支える。しかしなかなか一度では決まらないことがあるので、このような作業を何度も繰り返して正確な場所に石を置いていくのである。

次の石を積む　一つの石を置き終わると次に置く石の選定のために、近くの石置き場に行く。目の前にあるたくさんの石をしばらくの間見渡して、イメージに合った石を選定する。次に置く場所の空間（幅や高さ）、下の石と両脇の石の並び方がすでに頭の中に入っているので、そのイメージに合った形や大きさの石を決めるのである。

石垣が完成するまでにこの作業を三〇〇回あまり行う中で、いったん選んだ石を変更したのは三回ほどであった。正確に石を選んでいることがわかる。物差しを使うことなく、石の形や性質を観察し、選定し、適切な場所に適切な石を置くことができるよう、修行を重ねていくことが穴太衆の重要な技として伝承されてきたのである。

石積みの作業は以上の作業の繰り返しになるのだが、それを整理してみると、①石の列や石と石の空間をよく観察し、次に積む石の選定をする。②重機を使って所定の場所に下の二つの石にかかるように置く。③石の後ろに介石を置いてひとまず安定させる。④バールを使ってすでに置かれているほかの石の面と角度を合わせる。⑤置いた石の荷重が確実に下の石に伝わっていることを確認して、石の並びを整えていく、ということになる。大事なことは石をより安定させつつ、石の面をきちんと揃えていくことである。そのために石を置く順番が変わることが度々あった。

自然石の成形　堅牢な石垣を築くために行う標準的な作業は先に記したが、現場での作業は状況によって変わることが多いので毎回同じ作業になるとは限らない。ここでは状況の変化に対応した作業を加えておく。自然石を用いるために積み石をそのまま使うと不都合なことが起こる場合が少なくない。

たとえば下側の石の凹凸が顕著な場合は、置いた石をいったん脇に置いて、積み石が安定するように下の石の余分な部分をノミで削り取る。また上の積み石に不都合がある場合は、その石をいったん寝かせて底の部分を成形して下の石の上面に合わせて安定させていく。もちろん両方の石を整えることも少なくない。そして上の石と下の石の面の接点を確保していくのである。納得がいかない場合は上記の作業を何回でも繰り返すことになる。それは石工の感覚的な作業であるので、多少の凹凸があってもその凹凸を活かすような石工もいて、すべての石工が同じ作業をするわけではないようである。

ただし、どの石工でも共通していることは、先に記した基本的な作業を確認し、納得できた段階で次の石の選定に入る。すべての石に対して上記の作業が続けられる。この一連の作業を慎重に続けていくことで、長い時代を経ても崩れることなく、しかも美しい石組ができあがっていく。置くべきところに石が置かれていること、そのために「小さな正確さ」を積み重ねていくことが、穴太衆積みの基本であることが理解できる。

石工の感性　粟田氏の場合は、基本的には左端（低い方）から順番に石を置いていったのであるが、ひときわ目立つ大きな石を置く場合、その位置に関してはあらかじめ石工の描いた構想に沿って置かれているように思う。ある間隔を置いて大きな石を置いた後に、前に置いた石との間を詰めていくこともしている。大きな石を集中的に配置する場合があり、またバランスを考えて配置する場合もある。前者は石垣のもつ迫力が伝わってくるし、後者は心地よい音楽を聴いているようなリズミカルなものを感ずる。

すべて石工の感性によるものである。端でこの作業をみていると、あたかも置かれた石が「私をこの位置に置いてください。そうすれば私の力を十分発揮できるようになります。私自身も居心地がいいです」といっているようにも感ぜられた。その位置が決定されると、石も石工も安心して次の作業に移ることができる。

（4）間詰石《まづめいし》と栗石《ぐりいし》のこと

不定形な自然石を積み上げていくと、前に置いた石と次に置いた石、またその上に置いた石との間に大小の隙間ができる。その上石はもっとも安定した位置に置くことになるので、石の位置が限られてくる。そのため必ず隙間が生ずる。空間といってもいい。これが自然石を使用する穴太衆積みの大きな特徴になっている。そのような空間には、そこにあてはまる石を選んではめていくのである。この石を間詰石とも小詰石《こづめいし》ともいう。石と石の間を詰める小型の石のことである。

間詰石は目視で見当をつけるが、手を入れて大きさをはかるときもある

感覚を磨く　石垣の空間が大きく開いている場合は大きい石を入れるのであるが、隙間の中に手を入れてみて、空間の大きさと形を確かめることもしている。感覚的に間詰石の大きさや形を認識しているのである。そしてその空間に合うような石を探してくる。加工しなくともちょうどいい石をみつけることができるときもあるし、多少形が合わないときもある。その場合はノミなどで取り除いてはめ込んでいく。

近くに間詰用の石を置いておき、大きめの石を割って形を合わせることもした。そのような石を詰めても、さらに小さな隙

空間の形と大きさを確認して間詰石をつめる

間詰石は２個以上詰めると石垣の安定感が増す

間ができるので、そこにはさらに小さな間詰石を入れていく。間詰石は二つ以上入れることが原則であるという。バランスがとりやすく、安定するからである。小さな空間には楔型の小石が有効であった。石積みの作業の中で、間詰石をくるくる回しながら置きどころを探している姿がたいへん印象的であった。なるべく加工せずに、その場にあった石を探すことが穴太衆積みのもっとも基本的なルールであったからである。

若い職人を育てる石　実は、間詰めの作業は一人前の石工になるために、修得しなければならない必須作業であった。この空間を埋めていく作業は、若い石工にとって最初に遭遇する登竜門であるといっていい。石の隙間をよく観察して、また手を入れてみて隙間の形を認識し、その隙間に合う石を探してきてはめ込む。この感覚が身についてくると、次の段階、たとえば石を積むという作業に進むことができたという。穴太衆積みの作業の第一歩は、石を選ぶ目を養うことであったからである。

可能な限り石を加工せずに隙間に合う石を探しだすことが穴太衆積みの基本にあった。そのために

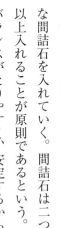

いったん目に留まった石を何とかその空間にはめようとする。自身の目が確かなものであるかどうか、確認しながらの作業にみえた。もっとも理想的なことは、野面石を加工せずに使うことである。次に多少の修正を加えることで、あるべき所にあるべき石を置くことであった。

ちょうどいい石が見つけられない場合は、大きめの石を割って使用することになるが、このような経験を積んでいくことで、実際に石を積む際に石を的確に選択できるようになっていくのである。一連の石積みの作業の中に、若い職人を育てていくシステムができあがっていたことを感ずる。このようなところにも穴太衆積みは、石積みの古い形を残しているように感じた。少ない道具で、しかも鉄製の道具がたいへん貴重であった時代に、なるべく加工する部分をなくして自然の石の形を活かし、短い期間で堅固で高い石垣を構築するという基本的な考え方を今日に伝えているからである。

間詰石の役割　石工の登竜門として、若い石工に間詰石の作業を任せることができたのは、間詰石自体が石垣の強度との関係が少ないからであった。石積みの作業は主体になる石組が重要なのであり、主体になる石を正確に積んでいくことで強固な石垣が築かれていく。そして間詰石がそれらの石を補強することはないという。小さな石に重力をかけると、わずかな振動を受けても破壊されることが多いからであった。しかしながら、あちこちに隙間が空いていると見栄えが良くない、というのが粟田氏の意見であった。確かに隙間の空いた石垣は何となく心もとない気がする。

古い石垣を触ってみると、間詰石が浮いていて簡単に抜き取れるものがあり、すっぽりと抜け落ちていて大きな穴があいてしまった石垣も少なくない。先人の積んだ石垣は間詰石をゆるく差し込んだだけのものが多いという。また時代を経ていくうちに石自体がやせていく、また欠けていくことがあるからで、隙間が大きくなると大きな間詰石でも抜けてしまうことがある。ということは、この石には重力の負担がかかっていないことを明確に教えてくれている。

間詰石の役割が増える　多分に装飾的な間詰石であるが、戦国時代の山城に用いた間詰石は防御のための一つの手段になった。この石には強度を持たせる必要がないので、すぐ外れるようにして隙間を埋めておく。そうしておくと、敵が石垣にのぼろうとして手をかけたとたんに抜け落ちてしまうので上ることが難しくなるからである。少なくとも城の攻略に時間をかけさせることになる。はからずも戦国期に入って、間詰石の役割が一つ増えたことになった。

どんなものでも三点固定できれば安定する、ということは皆が知っている。穴太衆積みの実測図や写真をみると、どの石も下の石で二点、上の石で少なくとも一点固定されていることがわかる。この形を維持していくことですでに石垣が維持できている。つまり間詰石は構造を支えるための石ではなく、隙間を埋めるための石であった。間詰めをすることにより見た目にも安定し、また石垣を美しくみせることができる。間詰石がなくとも堅固な石垣として構築されているのが穴太衆積みの大きな特徴の一つであったのである。

栗石を入れる　石積みの手順として、石をある程度の長さを積み終わると、その都度間詰石を打ち込み、その作業が済むと栗石を八分目ほど入れて突き固めて、積んだ石をきっちりと固定させる。独立した塀の場合は外側と内側に二列の石組をして、その間に栗石を入れ先のとがった鉄の棒で堅く詰まるように突いていく。城壁や山を這うような石垣の場合は、地肌の部分と石組の間に栗石を詰めていく。この栗石を入れる幅が広ければ広いほど、石垣は強固なものになり長持ちするという。

栗石は積み石を安定させること、そして同じようの重要なことは、上部にたまった水をスムースに下に送っていくという、水はけをよくする働きがある。このことが石垣を長持ちさせている。加えてこの小さな石を大量に詰めることで石垣の補強になっているのである。ぎっしりと詰まった状態でたくさん栗石が入っている石垣ほど、長い年月を経ても崩れないことが城の石垣の例があり、経験的に証明されているという。そのため先のとがった鉄の棒で石を固く締めていくことが若い石工の重要な役割であった。

重機を使って栗石を入れる

栗石をしっかりと詰めることで石垣を安定させ、水を下に送ることができる

（5）桂石《かつらいし》と天場石《てんばいし》

桂石　桂石を置く作業も天場石を置く作業も、石積みの仕上げの工程になる。桂石は幅三〇cm、高さ二四cmほどの四角柱状に加工した細長い石で、長いものでは三m以上のものもある。やはり花崗岩である。主な用途は建物の土台を支える石である。そのほかにこの類の石は屋敷の造成をする際の土盛り、また土留めをする際に縁石として、古くから使われてきた。今回も道路拡張のために母屋を壊した際に出たもので、貴重な石として東側の奥の方で再利用された。

天場石　天場石は石垣の一番上に置く石で、いよいよ石積みの仕上げに入ったことになる。この段階では石垣の頭の部分の水平を保つこと、そのために全体の高さを揃えていくことが大事な作業になる。慎重に作業を進めていくことはかわりないが、石の微妙な部分の成形が必要になるためにより慎重さが要求される。

天場石を置く作業は、すでに土台の石を置いたときから始まっているという。天場の石を揃えるために、あらかじめ石の高さを決めておく。今回は高さ二〇cmほどの石を並べることで天場を水平に保つ計画であった。天場石の形が揃っていると、石垣が安定していて見栄えがいいからである。今回石組は高い所で五段、低い所で三段になる。そのために下の石を積んでいる段階から、天場下の石から天場までの高さが二〇cmになるよう、そして水平になるよう下の石を積んでいくようにしていたという。

しかしながら、なかなか計画通りに進めていくことがむずかしかったようで、天場石を積む段階に入ってから石の集積場に二回足を運んでいる。天場までの高さをはかりそれに見合う石を探すのである

隣家との境は桂石を再利用した

天場をそろえることが仕上げの作業になる

長さを揃えるために墨を入れる

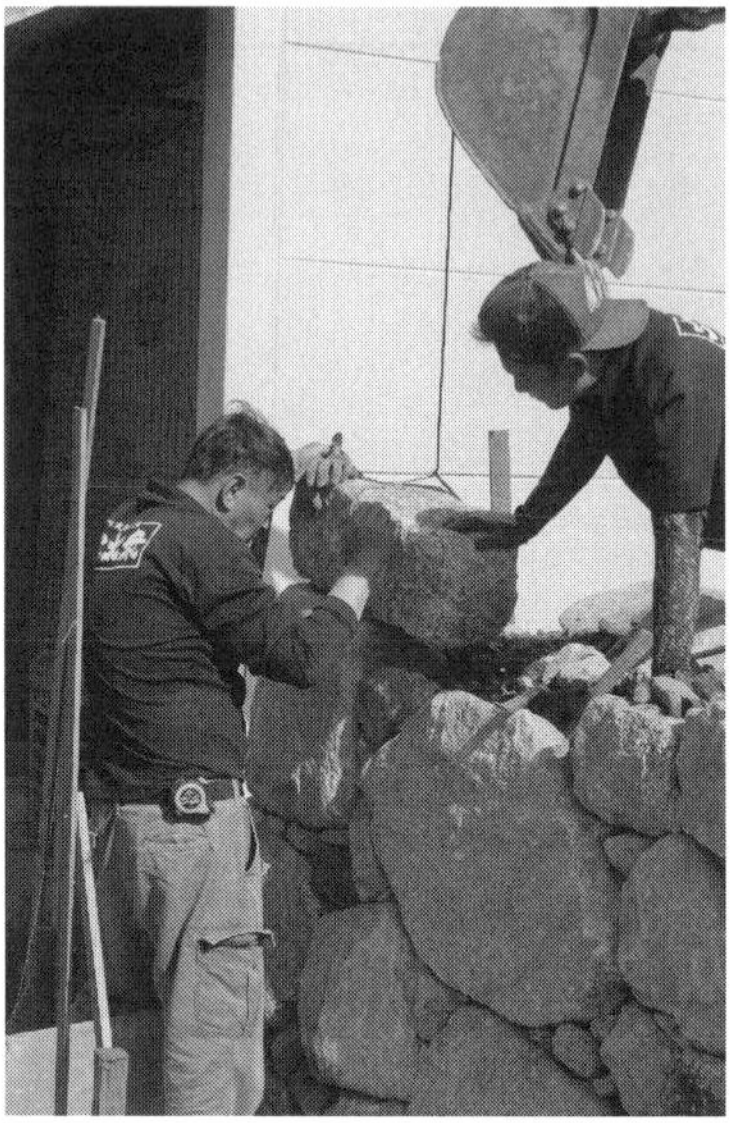

東北角に置く天場石を仮置きして位置を確認する

が、一部だけ三〇㎝ほどの高さになっていて、適切な石が足りなくなったからであった。現場での作業を短縮し見栄えのいい石垣にするには、多少の成形を加えるだけでその場所にピタリとはまる天場石が望ましい。作業の最終段階に入って、当初からの石の選び方がいかに重要なことであるかを教えてくれた場面であった。

天場石の置き方は基本的にはこれまで行ってきた作業と同じことを繰り返すことになる。ただし下の石の上場と天場石の下場の成形をより慎重に行い、天場を揃えていくことが必要であった。しかし多少は出ばっていたりへこんでいたりするので、間詰石を取り替えたり、天場を平らに削ったりして、微妙な修正を加えている。このような過程を経て、今回も見事な石垣を作りあげた。

基準になる天場石　東北の角に積まれた天場石はとくに入念な細工が施された。約三〇㎝角で長さが六〇㎝余りの小型の石であったが、この石は

ノミを使って形を整える

天場石を載せて位置と角度を確認する

コヤスケを使って余分は部分をはつる

三人が二時間あまりの時間をかけて成形して積んだ石であった。一日の作業の四分の一ほどの時間をかけて、一つの石を仕上げたことになる。その工程は以下のようであった。

①北東角の天場に置く石として、適切な石を選ぶ。

②成形前の石を仮置きして、成形する部分を確認し、斫っていく部分に墨を入れる。

③ノミとコヤスケ（後述）を使用して一回目の石の成形を行う。技術力と体力を必要とする作業なので、三人が交代で成形を行う。

④鎚の面がギザギザになったビシャン（後述）で石の表面を滑らかにしていく。

⑤成形した石を再度所定の場所に置いてみる。所定の場所に置くときは常に介石を置いて安定させ、左右から石の角度をにらみつつバールで修正していく。

完成した石垣。翌日東北隅の石を丹念に調整した

⑥石が安定しないので、再度石をはずして下の石を成形する。
⑦石の並びを揃えるため下の石の表面を削り取る。二人がかりの作業になる。
⑧削った部分をビシャンで滑らかにしていく。
⑨成形した角の天場石を所定の位置に置く。
⑩間詰石を打ち込んで石を安定させる。

という手順で、北東角の天場石の設置を終わる。

成形の作業で一番手間がかかったのはこの石であったが、作業が一段落した次の日、作業場の後片付けや使わなかった石の撤収をしている間に、粟田氏自らノミをふるい、また若い職人に指示をだして角の大きな石の成形を行っていた。穴太衆積みの職人として気になる所があったようである。

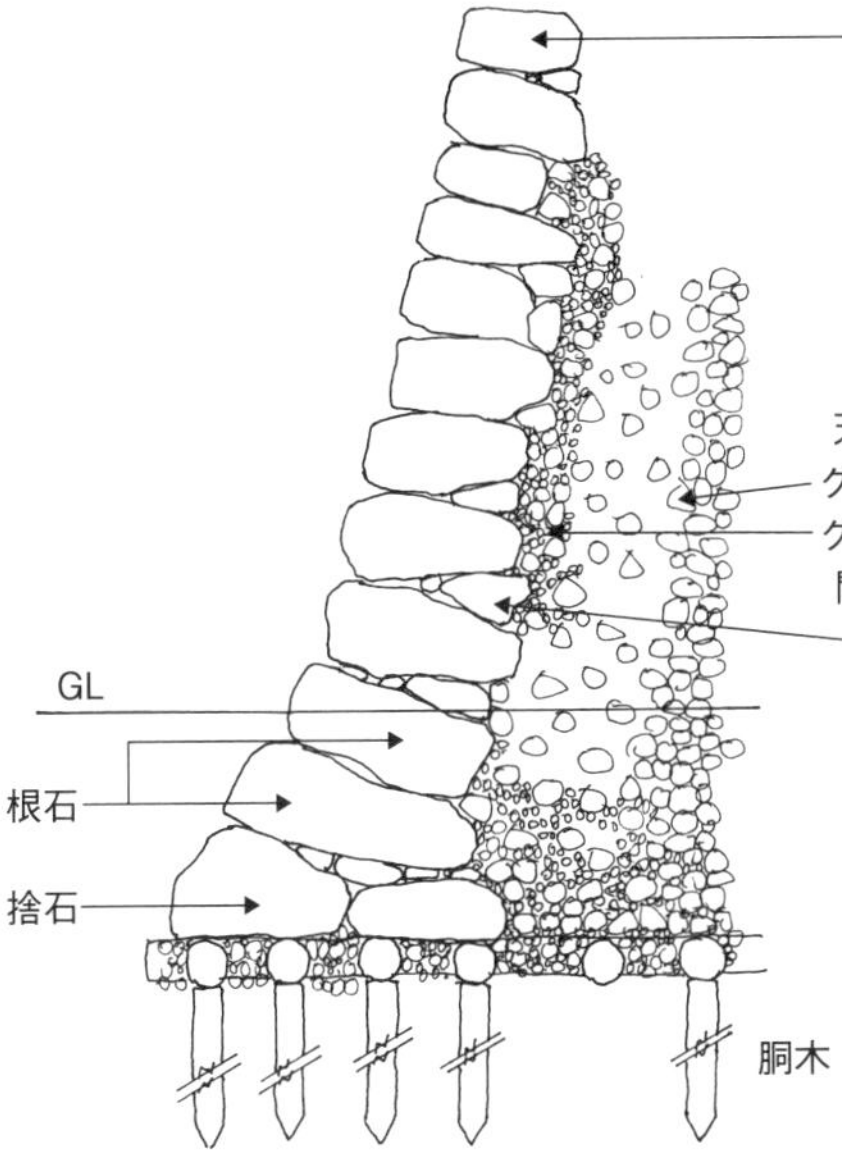

図３　高石垣断面図（模式図）

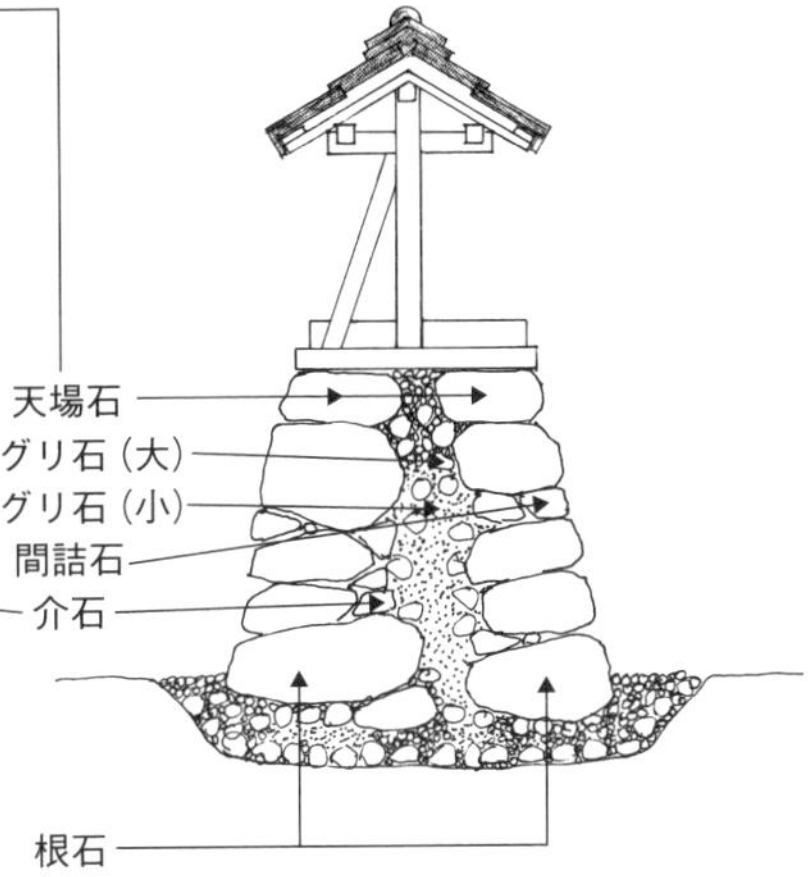

図２　石垣断面図（模式図）

図解説　石垣と高石垣の断面

○一般の石垣は二列に石を積み、その間にグリ石を詰める。

○天場石の上に板状の石を置き、その上に屋根付きの板壁や漆喰壁をのせる。もしくは常緑樹を植えると見栄えが良くなる。

○高石垣は石垣と山肌との間にグリ石を詰めて補強する。

○水圧と土圧を軽減するために栗石を入れる幅は石垣の高さの三分の一ほどにする。

○大きめのグリ石の間に小さなグリ石を詰めると、さらに効果が大きいという。

○胴木は湿地等の地味の悪い場所に地固めのために用いる。

図4　石垣袖壁立面図(西外側)

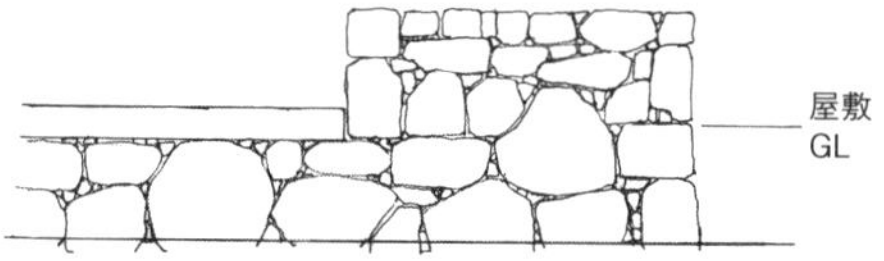

図5　石垣袖壁立面図(東外側)

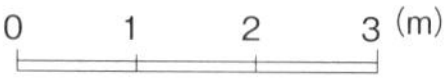

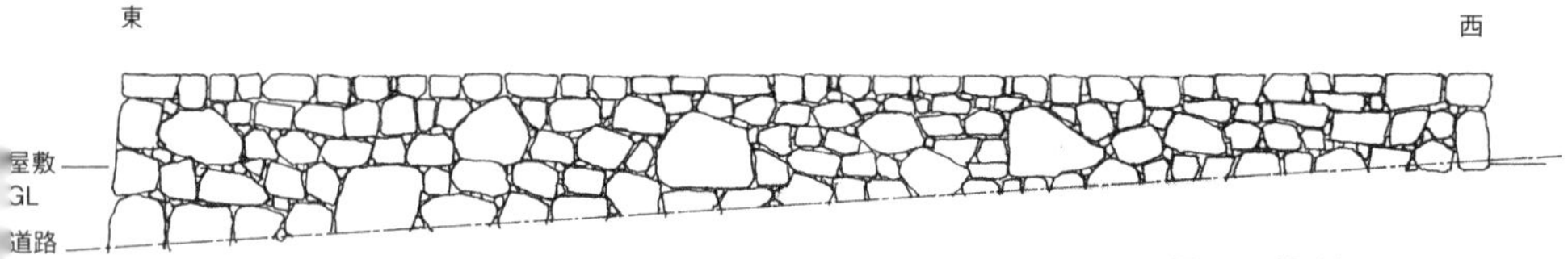

図6　道路側立面図

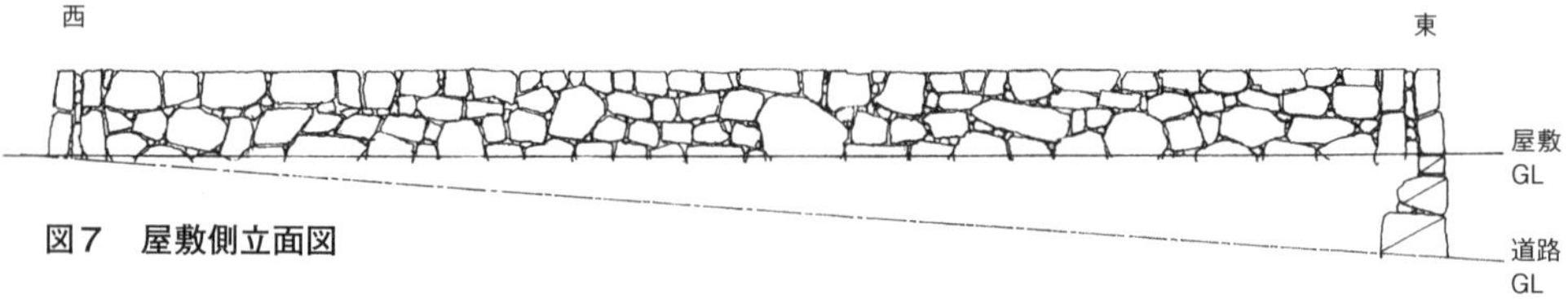

図7　屋敷側立面図

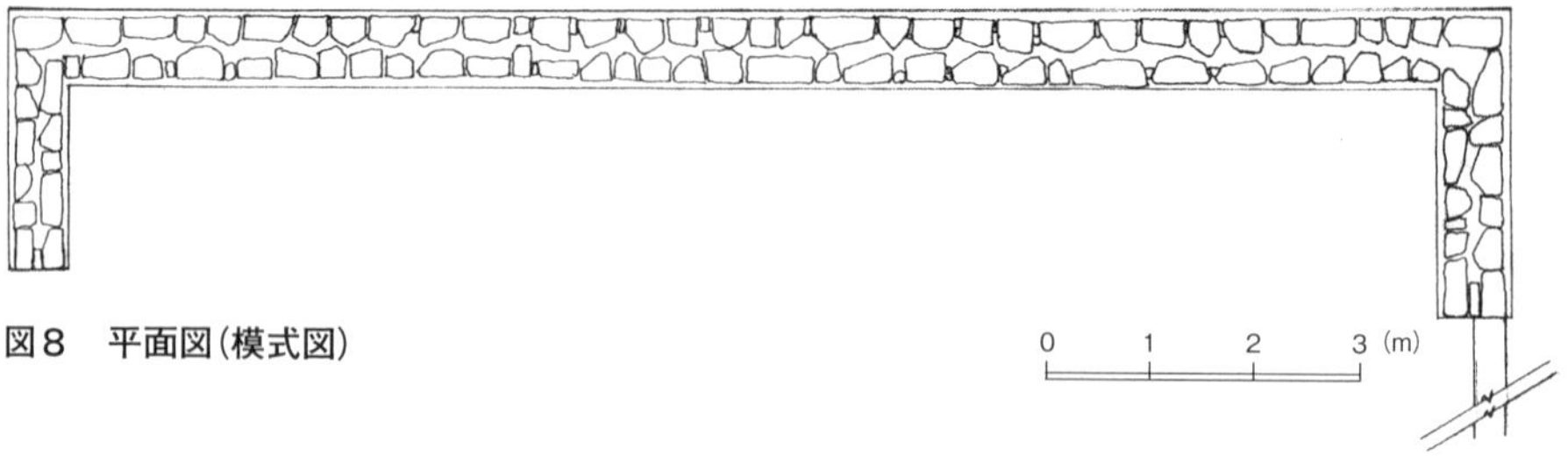

図8　平面図(模式図)

（6）石工の道具とその作業

石工の道具はきわめて少ない。他の職人の道具と大きく異なる点は、すべてが重いことであろう。大きなゲンノウ（ハンマー）などは、四～五kgはありそうである。硬い石を扱うのであるから石に負けない道具が必要であった。木工職人が使用する道具は繊細なものが多いのに対して、石工の道具は豪快なものが多い。すべての道具が鉄製であり、ゲンノウを除いて柄も硬い木を使うことが多い。しかも近代に入ってのことであるが、強靭な分厚い鋼を使う部分が多いことも特徴であろう。

石工が使う道具の主要なものはノミ（鑿）・コヤスケ・セットウ（石頭）・ビシャン・ゲンノウの五種類である。複数の職人が作業することになるので、頻繁に使用するノミ・コヤスケ・セットウなどはそれぞれ三点ほどを揃

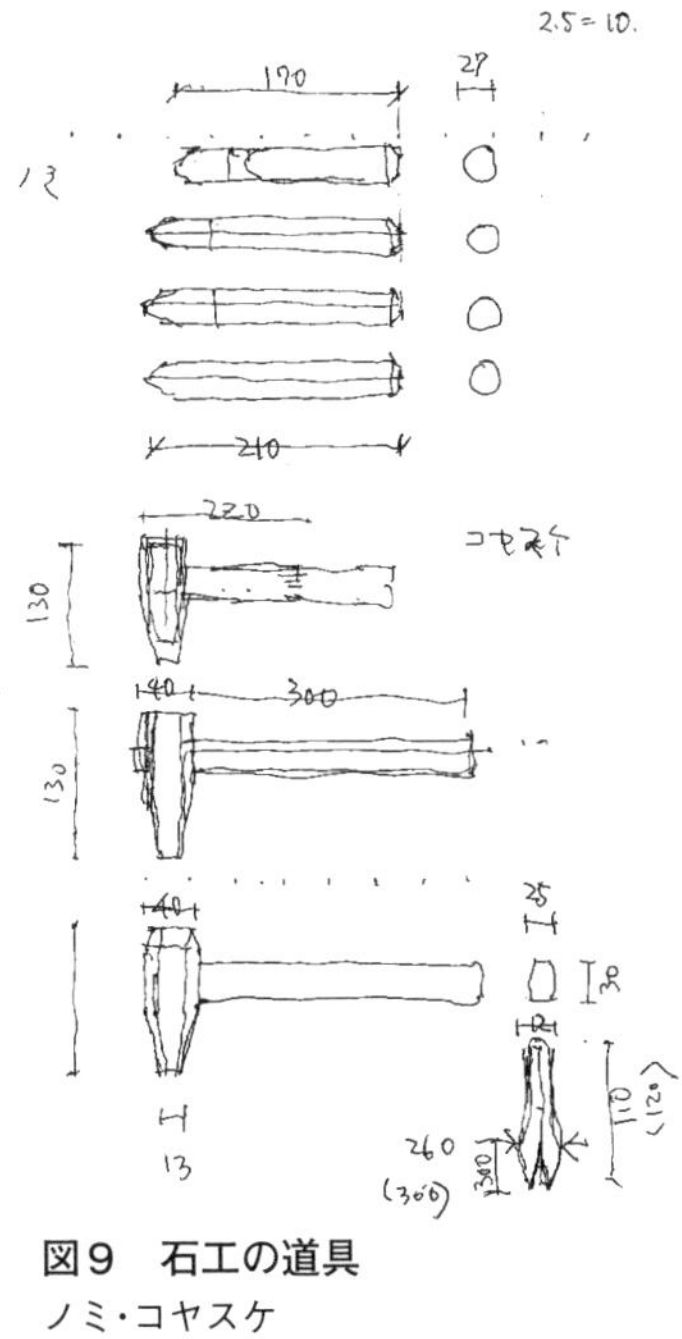

図９　石工の道具
ノミ・コヤスケ

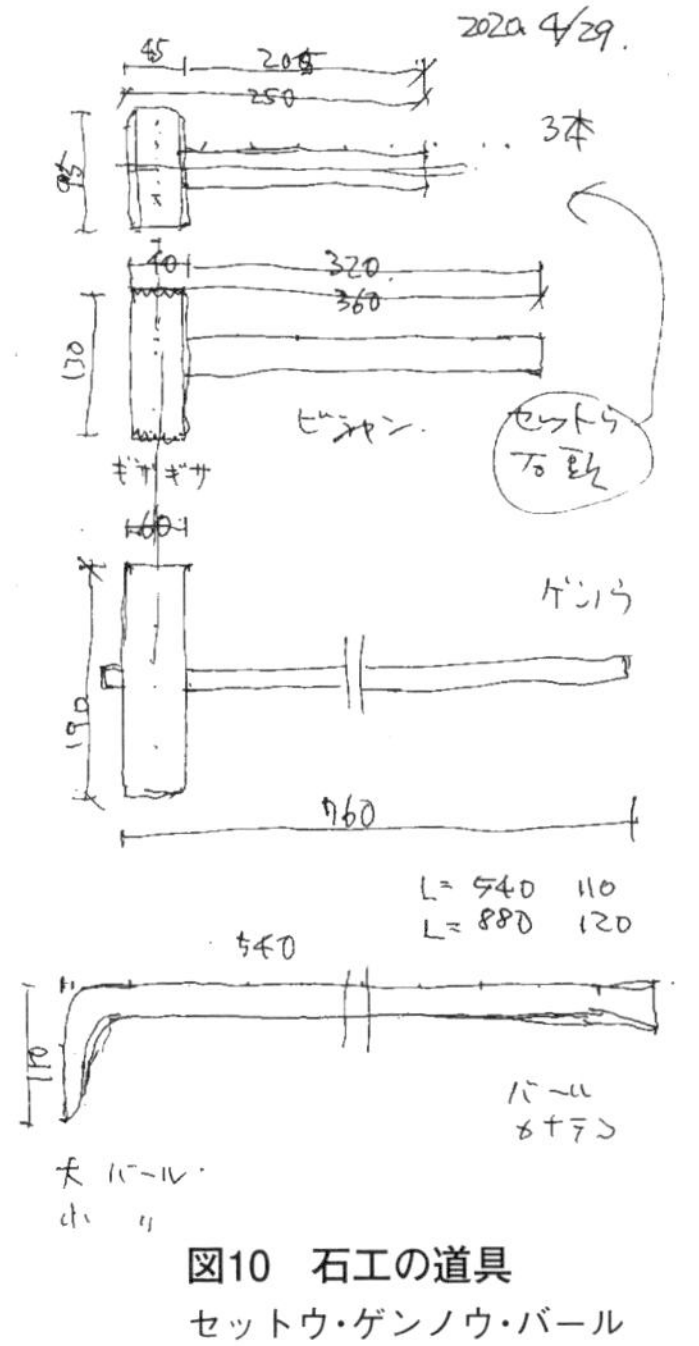

図10　石工の道具
セットウ・ゲンノウ・バール

えている。このほかに石を釣り上げて移動するために、重機で石を持ち上げるためのワイヤー、小石や栗石を運ぶための箕、そして大きな岩を割るときには楔《くさび》が必要になる。重機を使う以前の石の移動に二マタと複数の滑車とロープを用いる。これについては後述する。

ノミ　ノミは石工が使用する道具の中では比較的先がとがったもので、先の部分は緩やかな山形でありハガネが使われている。ノミの直径は三cmほど、長さは二〇cmほどで、頭の部分をセットウで叩きながら、石を成形するために使用していた。たとえば石の角などで余分に出ばっている部分を削り取る、平らな部分でも微妙に出張った部分を取り除いて石の表面を滑らかにしていく、といった細かい作業に用いている。

ノミ。細かな石の凹凸の調整に使用

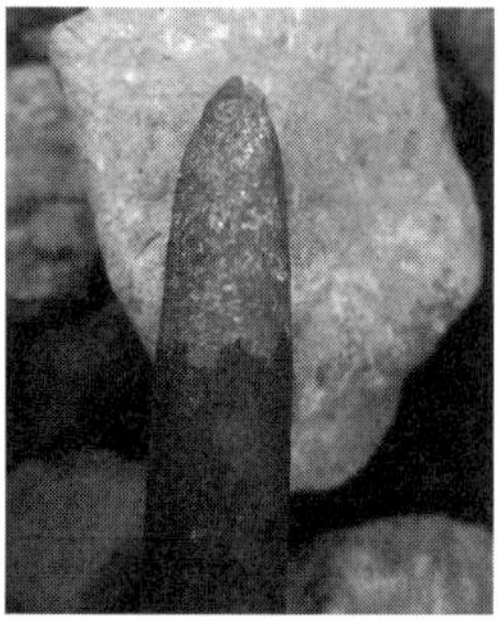
ノミの刃先には強靭なハガネがついている

ノミで石の凹凸をはつる作業

　ノミの先をよくみると刃先がとがっているだけではなく、先端には長さ一cm、厚み八mmほどのハガネがついている。刃の部分は幅一mm、長さ三mmほどの小さな長方形で、三mmほどの刃を石にあてることで少しずつ石の凹凸を崩していくのだという。十三代目の万喜三の時代には刃先にハガネはついておらず、すべてが地金でできていた。そのため一日中使っているとノミの刃先がなまってくるので、毎朝五時頃には起きて刃先を焼き直していたという。使う前に焼きを入れておかないとすぐ使えなくなってしまうのである。石工は鍛冶屋の仕事もできなければならなかった。

セットウ　セットウは一種の金鎚であるが、鎚の部分が大きく柄が短くできている。したがってかなり重い道具である。力を込めて打ち込む必要があるからであろう。熟練した石工はセットウを頭の上まで持ち上げ、重力で落下する力を利用してノミの頭を打ち、石の成形をしていたという。それができるようになると、余計な力を使わずに道具を使いこなせるのであるが、あやまってノミを持つ自分の手を打ってしまうことが度々あり、修業時代は手の腫れがひくことがなかったという。どのような職種であっても、職人の修業時代はつらい話がたくさん語られている。

セットウ。ノミやコヤスケの頭を打って石の加工に使用

　ノミとセットウは大きな岩石を割る時にも使われる。城の石垣や石段をみていると、小さな四角い穴が開いていることがある。この穴を矢穴といている。矢(楔《くさび》)を打ち込む穴である。岩を割るためにノミであけた穴の跡で、時代が古くなるにしたがって穴が大きくなるという。それは鉄製の楔が使われる以前はカシなどの硬い木で作られており、大きな穴をあけないと木製の楔が入らなかったからである。この矢を入れる穴の大きさが石垣の古さを見分ける一つの方法であるという。

　なおセットウは金鎚の役目をするだけでなく、それ自体を石に打ち付けることにより、少し出張った部分をはつり、細かい部分の成形ができた。また石と石の間を補強する間詰石など、小さな石を割るときは主にセットウを使っている。

コヤスケ　コヤスケは金鎚の形をした道具でやはり短い柄がついている。刃先は比較的とがっているが刃の厚みが一㎝ほどあり、鋭くとがっているわけではない。刃の長さは二㎝余りあって平たく作られている。やはりセットウで頭の部分を叩きながら、石の層をみきわめつつ、少しずつ面を剥がしていくときに使用している。適切な説明ではないかもしれないが、コヤスケは石の形を整えるために使用し、ノミは小さな凹凸を修正するために使用しているような印象を受けた。

コヤスケ。石の出張った部分を剥がして形を整えるために使用

コヤスケを使って石の形を整える

頭の中心を叩く　いずれの道具もセットウで頭を叩きながら石を成形していくのであるが、大事なことは叩く力が正確に石の面に伝わっていくことである。それには石をしっかりと固定して、石に向かって姿勢を整え、ノミやコヤスケの頭の中心部にセットウが力強く当たるよう心掛けることだという。かなり力を必要とする作業なので、まだ若い職人にとっては頭の中心部にセットウをあてることがかなり難しそうであった。

どのような職種もそうであるが、午前中は十時ころと午後は三時ころに休憩をとる。また十二時には昼食をとることになる。その際に、ノミ以外の柄のついた道具はバケツの中の水に浸けておく。仕事をしていない間は柄に水分を含ませておき、金具の部分と柄をしっかり固定させるのである。相当な力が加わるために柄が外れやすいからであった。

ゲンノウ。石の大割りをする際に使用。奥に見える道具はビシャン

ビシャン　ビシャンはやはり金鎚の形をしている仕上げ用の道具である。鎚の表面は細かな凹凸になっていて、ノミやコヤスケで成形した後にコツコツと叩いていくことにより細かな凹凸をなくしていく。ノミやコヤスケで成形した部分にはまだ凹凸がみられるので、石の面を滑らかに保つために、最終的な仕上げ用として使用している。

ゲンノウ　ノミやセットウは細かな石の成形に使用する道具であるが、ゲンノウは大きな石を割るときなどに使用する。たいへ

ゲンノウを使っての石を割る作業

ん重い道具で、鎚の部分は六cm角四方、長さは二〇cm近くもある鉄の塊である。大型のものは槌の長さが四〇cmもあり、重さは五～六kgはあるという。柄の長さは七〇cmほどで、弾力がありしなやかな木を使用している。この道具は石の目を確かめ両手で持ち上げて大きく振りおろし、その力で石を割っていく。また石の切り出しには欠かせない道具であった。石工ならでの豪快な道具である。

後に純司氏からうかがった話であるが、石積みの際に使う成形用の道具は、万喜三も純司氏ご自身も主にゲンノウであった。重いゲンノウを振り上げて石を割り、成形もゲンノウで行うことが多かったという。とくに万喜三の時代のノミにはハガネが使われていなかったので、ノミに頼ることがあまりなかったのかもしれない。このような豪快な道具の使い方も穴太衆積みの特性がよく表れているように思う。灯籠や石仏を専門とする石工とは技術が異なるのである。

バール　このほか重要な道具にバール（カナテコ）がある。この使い方についてはすでに述べているが、今回は大小二種類のバールを使用していた。バールは直径三センチほどの鉄の棒であるが、一端はヘラ状に先が薄くなっており、もう一端は釘抜き状になっている。大きなものは長さが九〇cmほど、小さなものは五四cmほどである。石を積んでいくとき水平や垂直をみつつ、石の向きを変えていくときに

バールを使って石の微調整をする作業

バール。てこの原理を使って積み石の位置の微調整を行なう際に使用

このバールを使う。てこの原理を利用すると、比較的大きな石でも微調整することができる。

バールはこのほかに、栗石を入れたときに中の方までよく詰まるように上から突くために使用した。

まだ民俗学のことは知らなかった若い頃であったが、私の家の近くに石屋さんがあって、その仕事ぶりを興味深く眺めていたことが何度もあった。主に墓石を製造している石屋であったが、今回石積みに使用した道具類は、石を研ぐ道具をのぞいてほとんど同じものであった。

今回はその使い方について、また使う目的について具体的に知ることができた。また石積みの作業が一通り終えた日、ノミとセットウを借りて石の成形を試みたが、当然のことながらうまくいかなかった。改めて職人道具の機能的な部分と、それを使いこなしていく難しさについて知ることができ、この体験も大きな収穫であった。

2　東本宮・高石垣の復元修復工事

井神通りの民家の石垣工事終了後、四カ月ほど後の九月十一日から日吉大社東本宮脇の石垣の修復工事がはじまった。この工事は文化庁と滋賀県の補助を受けて行われるもので、粟田氏へ工事の依頼があったのである。高さ四mあまりの石垣であるが、その中央部が膨らんでおり崩落の危険性があった。

昨年（二〇一九年）秋に補修する部分の石垣を解体したところ、石垣の近くに立っている樹齢五〇年ほどのものと、三〇〇年ほどの大きな二本のヒノキの切り株があり、その根が張り出してきていて、根の力で石垣を押出していたのである。根はまっすぐに伸びているものと、四方に伸びているものがあり、長いもので三m余りに達していた。石垣が膨らんできたのはこの根の張り出しが原因であったようである。

折から前回の石積みの工程をまとめていた時期であったので、工事のある日は極力見学させてもらえるようお願いした。住宅の石垣とは異なり見上げるほどの高い石垣であり、しかも東本宮の周囲二五〇mほどを取り囲んだ石垣なので、民家の石垣とくらべると規模が大きなものであった。修復工事はその一部であったが、前回とは異なった石積みがみられるという期待があった。

（1）日吉大社の立地

日吉大社は比叡山東麓のなだらかな斜面上に立地している。この斜面の南端に比叡山を源流とする大宮川が谷をきざんでいる。この川は西から東へ流れており、境内地は川に沿うようにして西から東へと次第に高度を下げながら裾を広げている。境内の面積は山林を除いて五万三六〇〇㎡あまり（一万七七〇〇坪）ほどである。今回石垣の修復が行われる東本宮は、広がった裾野の北東側の裾に位置していて、境内地の西と北の側面は神体山とされている八王子山の裾野が伸びている。

東本宮東面の膨らんだ部分の石垣をはずした山の壁面

大きな木の根がせり出していた

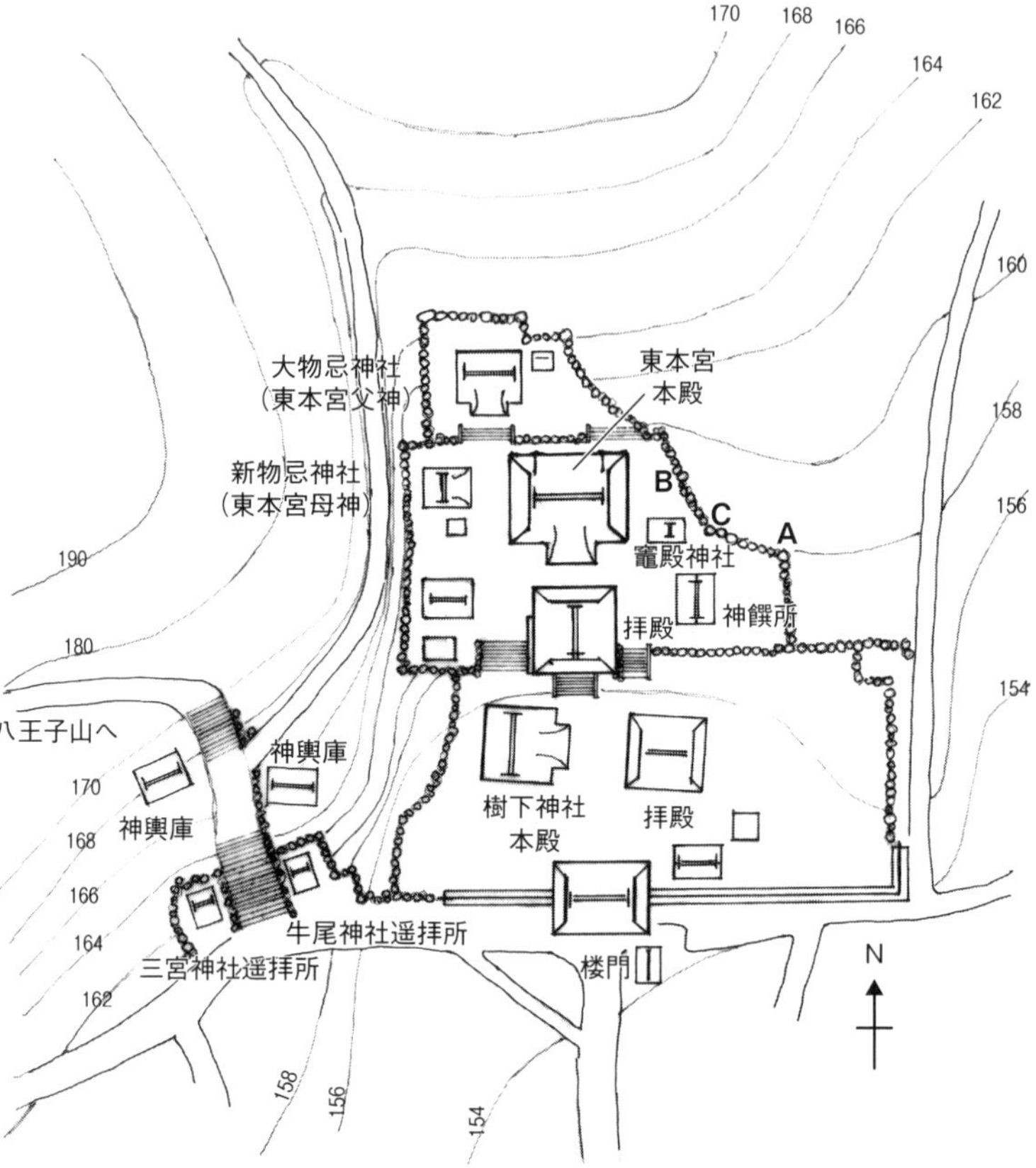

図11　東本宮配置図　AとBの間の石垣が今回の修復部分

図解説　東本宮の立地

○西本宮も東本宮も、比較的なだらかな斜面に境内を確保している。

○東本宮の境内には父神・母神を含めて四社が並び、その西側には牛尾神社と三宮神社の遥拝所がみえる。

○境内は北に向かって徐々に標高が上がるため三段に整地されている。

○敷地内の等高線が一五八mから一六二mの間で途切れているため、斜面を削って石積みをして崖の崩壊を防ぎ、敷地を広げている様子がわかる。

境内の地形図をみていると、西から東へ伸びた八王子山の裾野は、東本宮の西側面の手前で急激に落ち込んでいる一方、東本宮の背後はなだらかな斜面となって徐々に低くなる。この斜面上に数十基の横穴式古墳が築かれている。東本宮はこのなだらかな斜面を切り崩して敷地を造成していることがわかる。途中で等高線が途切れているからである。この切り崩した斜面に石垣を積んで、土砂が崩れないよう防いでいたのである。この石垣に古墳で使っていたとみられる石があることから、一部古墳も取り壊したのかもしれない。この大事業によって東本宮の敷地が確保されたとみていい。

山王七社といわれる日吉社の主要な神社は、西側にそびえる八王子山の裾野に沿って建築されている。やはり敷地を広くとるために裾の部分を切り崩して石を積んでいるので、境内は長い石垣が構築されている。この山は花崗岩が主要な構成要素であり、掘り出されたとみられる大きな石が所々にみられ、埋まっていた石をそのまま石垣として利用しているところもある。また現在も大宮川には大きな花崗岩が転がっている。

日吉大社境内の南西を流れる大宮川。大きな石がゴロゴロしている

日吉大社の主要な社殿が西北側の八王子山裾野に建てられているのは、大宮川が境内の南側を流れているからであろう。神社の創建はわからないが、天智天皇七年（六六八年）に「大和国三輪に坐す大巳貴神《おおなむち》を日枝山口に鎮斎する」（『日吉大社大年表』）とある。また東本宮の大山咋神《おおやまくい》は比叡山の

地主神なので、それ以前から神として祀られていたことが『古事記』に記されている。この当時の大宮川は流れが一定ではなく、境内地やその周辺をかなり自由に流れていたことが推測できる。境内地内は渓谷をきざんでいるが、川をさかのぼっていくと比較的浅い流れになっているからである。より安全な場所が北側の山の斜面であり、また石の確保が可能な場所ではなかったか。

八王子山の頂上近くに、山王七社のうちの牛尾神社と三宮神社が建っている。この建築様式は清水寺の舞台と同様、櫓を組んでその上に社殿を建てる形式である。櫓の基礎になっているのが花崗岩であり、露出した花崗岩をそのまま土台に使用しているところもあった。このようなことを目の当たりにしていると、比叡山一帯は花崗岩が豊富な土地であり、八王子山の裾野が日吉大社の境内として選ばれた理由の一つに、この花崗岩の存在があったのではないかと思われるのである。

東本宮のすぐの裏山には横穴式の古墳群が存在していることは先に述べた。横穴式古墳は古墳時代後期から飛鳥・奈良時代にわたって築造された古墳であること、横石積みであることも述べているが、修復中の石垣のすぐ上に比較的大きな石で築造された古墳が三か所ほど確認でき、このほかにも数十の古墳が存在する。横穴式古墳の文化を持った人びとがこの地を墓地として選定した理由も、近くで大きな石が得やすかったことと関係が深いのではないかと思っている。

八王子山に建てられた牛尾神社の櫓

牛尾神社の土台は山の切り石をそのまま使用している

東本宮の背後の山に分布する横穴式古墳

横穴式古墳の石組

(2) 東本宮をとりまく石垣

東本宮の修復のための現場は以下のとおりである。東本宮の本殿は南を向いて建てられている。参道は南から北へ向かって二〇〇mほど緩やかな坂道を登る。その途中に二宮橋が架けられていて、その下を北東に向かって大きく蛇行してきた大宮川が、再度蛇行して東へと流れていく。東本宮は二宮ともいわれており、二宮橋を渡る道が東本宮への参道であることがわかる。

東本宮の境内は三段に分かれていて下の段に樹下神社の本殿と拝殿、中の段に東本宮の本殿と拝殿が建てられている。中の段は奥に行くほどすぼまった地形になり、一番奥の一段上がったところに大山咋神(東本宮の祭神)の父神とされている大物忌神(大年神)、手前に母神とされている新物忌神が祀られている。このほかに稲荷の神と竈神の祠が建っている。東本宮の境内にはこれらの神々の社が建てられていて、その広さは約二〇〇〇坪である。

この地は八王子山裾野の比較的高台に位置し、大宮川は二宮橋を過ぎると谷をきざんで坂本の町へ流れていくので、比較的安全な場所であったことがわかる。しかし境内には八王子山の裾野が大きくせり出している。その裾野の低い部分を削り取って境内を広げているので、それぞれの社の背後にはすぐ石垣で保護された壁面が迫っている。この石垣が崩れてしまうと社が危険な状況に陥ることになる。現に修復現場のすぐ前面には、神々の食事を賄うとされる竈神の祠が建てられているのである。

修復工事の対象になった石垣は中の段の東南の隅であった。その下手(東側)はすぐ境外になる。境外の手前あたりから西に向かって石垣の壁面が伸び、この壁面が向きを変えて北に向かい、一番奥で再度西北に向かっている。今回修復を予定している石垣は、その途中が膨らんできたからであった。石組が何らかの圧力を受けて崩壊するとき、その部分が膨らんでいることが目安になるという。石の重心力が真下にかからなくなるので、崩壊する前触れになるのである。

正面の一段高い所に東本宮の拝殿と本殿、左手前樹下神社本殿、右手前が同拝殿

修復する石垣の範囲は、南面が長さ約一〇mあまり、高さ四mほどで、そのうち高さ七五cm〜二mのあたりまでは古い石垣が残されている。また東の面の修復範囲は長さ七・六mほど、高さは五mほどになり、そのうち七五cm〜四mのあたりまで古い石垣が残されている。残された石垣の上から積みはじめることになる(図11・58頁参照)。

石垣の膨らんだ部分を取り外す前に、解体する石垣には五〇cm間隔で縦横に墨を打っている。墨入れした線が正確に復元する際の基準になるからであった。また積みなおす一つひとつの石に番号をふり、南面の石垣にはAのマークを付け、A205まで数えることができる。また東面の石垣はBのマークをつけ、B316まで数えることができる。両方の面を合わせると五〇〇個余りの石を積みなおすことになり、間詰石や栗石を合わせるとたいへんな量の石になる。また墨打ちやナンバーをふっていくという昨年から続けてきた準備作業は時間のかかる作業であったが、正確な石組をしていくためには大事な仕事であった。

(3) 石積みがはじまる

基準線をだす　工事は基準線をだすことからはじまった。既存の石垣の傾斜角度を測量し、その角度に合わせて基準になるポールを立てる。壁面の傾斜角度は七二度であった。これが基準線を支えるポールになり、南側壁面の端(A)、南側壁面から北西へ向かう角の中心(C)、そして補修を行う北側の端(B)の三か所に立てた。この基準になるポールに水平に糸を張ることにより、横石積みの水平と傾斜角度を保つことができる。だんだん上に積み上げていくにしたがい、糸を上にあげていくのである。この作業は民家の石垣を積んでいくときと同じ方法であった。

基準になる石　次に東南の角(C)の比較的大きな石から積みはじめた。修復工事なので石積みはゼロからはじまるわけではない。東南の角は根石を含めて二段目までは古い石垣を残している。すでに記したように、どのような形で石垣が破壊されても、根石の部分だけは必ず残るという。とくに文化財としての石垣の復元する際には、根石は手を付けてはならない石であった。それほど重要な石であり、この根石を基準にして石積みの作業がはじまる。

東南の角の基準になる石はいくつかの小さな石の上に横八五cm、高さ六〇cmほどの石がすでに載っている。この石がこれから石積みをしていく際の基準になる根石であった(図12・78頁、図13・80頁)。A

207という番号がついている。さらにその下に大きな根石が埋まっているのかもしれない。Aは南面の石につけた記号である。東面の石にはB317と表示した番号がついている。もちろん同じ石である。A207の上に乗る石がA205になり、これもA207に負けない大きな石であった。角の石は二面が現れるので東面B316という番号がついていた。

積み石の仮置き　積み石の置き方は一般の石垣とほぼ同様で、重機とワイヤーを使って石を釣り上げ、石の向きと置く場所を確認して所定の場所に下ろす。いったん仮置きをして後ろに支えの石を置きバールを使って向きや角度を調整する。大きな石であれば二人、もしくは三人でこの作業を行う。そして左右から石の面と傾斜角度を何度も確認して、石の居心地が悪い（石が安定していない）ようであればもう一度釣り上げて、再度所定の位置に下ろして同様の作業を続ける。一つの石に対して一回で決まる場合もあるが、多くの石は納得できるまでこの作業が続くのである。

石積みの作業工程　ここでは石積みの作業についてもう少し具体的にみていく。基本的には民家の石垣の積み方と共通している部分が多いのだが、今回は修復作業であること、そして筆者の石に対する愛着と、石積みに対する興味が初期の段階よりも深くなっているので、多少の見方が変わっていると思うからである。

①次に積む石の重心を見定めてワイヤーを巻き、重機で吊り上げ所定の場所に仮置きする。②積み石の背後、時には下方や脇に介石をバランスよく置いて、ひとまず積み石を安定させる。③石の重心が真下よりも少々後ろ寄りになるように置き換える。この際ワイヤーの位置を変え、重機で石を起こしたり寝かせたりして調整する。④バールを用い、テコの応用をしながら積み石を左右、前後にずらし、石の

列の横の関係と縦の関係を観察する。大きな石の場合は二人で石を少しずつ動かしていく。

⑤積み石が安定しない場合はいったん重機で積み石をどかし、両側の石、下の石、もしくは積み石自体を成形して、再度仮置きをする。⑥その後③、④の作業を繰り返して行う。重心の位置を決め、石垣の横の並びと縦方向の角度についての確認に時間をかけている。高石垣なので傾斜角度にも注意をはらう必要がある。この作業が終わると次の石を積む。先の石垣工事と同様、一つひとつの作業に手を抜いていないことが強く印象に残っている。

高石垣の場合も角の石を基準にして所定の場所に積む

石垣と同様二つの石にかかるように上の積み石を置く

バールを使って積み石の上下左右の角度を調整する

石を置いていく順番についても、基本的には一般の石垣と大きな違いはない。石の使い方や配置、順番については、石積みを行う石工の個性がよく表れるといわれているが、今回は使う石とその位置はあらかじめ決まっているので、石工の個性は石を置く順番に出てくるのではないかと思う。粟田氏の場合は基準になる石を中心にして、南面と東面のバランスをとりながら、一段ずつ上にあげていく方法をとっている。

大きな石を置く　ただし大きな石を置く順番になると、大きなスペースを確保しておくことをしている。大きな石を適切な位置に配置できるようにという配慮であろう。そのため置く石の順番が変わるが、大きな石を置いた後にできた隙間に小型の石を置くことで全体が安定し、比較的スムースに作業を進めることができているようであった。石の積み方のすべて順番を追うことはできなかったが、南面と西面の石積みの順序を図12と図13で示した。概略図であるが一段ずつ積んでいく様子が比較的わかりやすいと思う。また後に述べることになるが、この積み方が古い時代の高石垣積みの方法を考えるうえで大きな示唆を与えてくれることになった。

大きな積み石を積む場合はより安定した所を選んで積むことを心掛ける

介石を２段にして大きな積み石を支える

大量の栗石　先の民家の石垣と、城壁のような石垣との大きく異なる点は、栗石の使い方であった。今回東本宮の石垣を解体した際に大量の栗石が敷き詰められていることがわかった。それも小粒の石ではなく、ふつう間詰石に使うような直径一〇cm余りの石で、二〇cmほどもある石もたくさん出てきたのである。高い石垣になるとこのような大きな栗石を入れることで、強固な石垣に仕上げていることを知る。この大型の栗石はもとの位置に戻していくのであるが、修復作業をしている際にも、未だ取り除かれていないものが斜面に埋まっていた。

石垣と山肌の間に大小の栗石を入れ、硬く突き固める

また先にみてきたように、一般の石垣の場合は前面と背面に石垣を築いてその間に小さな栗石を詰めていったが、高石垣の場合はせり上がっていく斜面と石垣の間に一mほどの空間を設けておき、その空間と石垣の間に栗石を詰め、鉄の棒を使って固く締めていく。これはやはり若い職人の仕事であった。

石垣の高さが高くなるにつれ、この幅を広くしていくという。八mから一〇mほどの高さになると、一番下の石垣の面との間隔を三mもとるという。栗石の量だけでもたいへんな量になる。この幅が広いほど、強靭な石垣に仕上げることができるからであった。また大きな栗石の間に小さな栗石を入れ込んでいくことでさらに強度を増し、水はけをよくしているのである。石垣を支え速やかに水を下に送っていく栗石の役割が、いかに重要であったか理解できる。

根石のこと　今回は石垣の修復作業であったので、ある程度の高さまでは元の石積みであり、根石の部分からの作業ではなかった。高い石垣を築造するには根石の部分がもっとも重要であることは言うまでもないことである。そこで十三代万喜三の根石に対する考え方を記してみたい。万喜三が積んだ石垣は、根石の上部がほんの少しだけみえているだけで、重要な部分は土の下にあった。石の大きさにもよるが、根石の部分は三段積み、三段目の石の上面が多少みえている状態である。石の高さが六〇cmほどの石であれば一・八m近くは土の中に潜っており、私たちはその一部分しかみることができていないことになる。

また軟弱な地盤に石垣を築く場合は、根石の下にマツの丸太を並べてその上に根石を置くこともしていたという。この丸太を胴木といっている。また胴木のすぐ上の石を捨て石とよんでいる。マツの木は水に強く硬い木であることから、この丸太を水平に敷くことで根石を水平に保ち、荷重を平均化し、また石垣が沈み込んでしまうことを防いだのである。そして胴木や根石のまわりにも大量の栗石を敷いて胴木や根石を支えた〈粟田純司氏談、図3〈47頁〉を参照〉。

（4）　石と向き合う

この度は新たに築造した石垣と古い石垣の修復作業を見学させていただいた。いずれの工事も一連の作業工程や、築造方法をひととおり知ることができた。さらには作業を間近でみることが許されたので、石と向き合う石工の姿勢がひしひしと伝わってきた。素材に対する職人の思い入れは特別なものがあって、素材の特性や個性を熟知し大切に扱うこと、さらには素材の特性・個性を最大限に生かして適材適所に用いること、それができる職人がすぐれた職人であるといわれている。粟田氏はまさにそのような職人であった。

ここでは氏の石に向き合う姿勢について記してみたい。今回の記録作成において、石組の工程やその技術を理解すること、そして素材に対する職人の想いや考え方をうかがうことについても、主要なテーマにしていたからである。

新しい石垣と古い石垣　新たに石垣を築く場合と古い石垣を修復する場合、異なる点の一つは、前者は一つの石を置き終わると石垣の全体像をイメージしつつ、先に積んだ石との釣り合い、次に積む予定の石との釣り合いを意識しつつ石を選択する作業であった。そのため隣接する石置き場を往復して石を選定する必要があった。そして次に積む石の選定に時間をかけることが度々あった。

修復工事の場合も常に石垣全体のイメージをもつことは同様であるが、この場合は次に置く石とその位置がすでに決まっているので、新たな石を選ぶことはしなくともよい。しかし必ず以前置かれていた場所に同じ石を置かなければならないという制約があった。石工の考えで石を選ぶことができないのであるが、そのような状況の中でも石工の独自性をみることが度々あった。

粟田氏は解体前の石垣の立面図と、解体前の状況を写した写真を二〇〇枚ほど用意していた。そして次の石を積む段になると、その写真を何度も何度も繰り返し見直して、そのイメージを頭の中にすり込んでいるようであった。この作業も長い時間続くことが度々あった。そしてその石を積む段になると、石自分自身が抱いたイメージができあがっていて、それを表現することに集中しているようであった。石積みが始まると図面も写真もみることなく作業を進めていく。石の成形をする必要が生じたときも、写真をみずに成形を進めていく。写真に似せて石を置くのではなく、今積んでいる石を最大限に生かせる位置に石を据えることを考えて成形をしていくのだと思う。基本的には元の形は変えることなく、自らのイメージを形にしていく作業をしているのである。

石の顔が変わる　しかしながら、年代を経て長い間風雨にさらされていると、痩せていたり欠けてしまった石があって、元のとおりに復元できない場合が少なくない。痩せた石や欠けた石が多くなると、凹凸が目立つようになり石の面が揃わないので苦労することが多かった。このようなとき石工は「石の顔が変わる」というようである。修復工事の場合は顔の変わった石が多いのも、新たに積む場合と大きく異なる点であった。

また石を積む位置が微妙に変わることで、以前とまったく同じ姿に復元することは難しいことになる。今回は石垣の膨らんだ部分を解体して積みなおすことになるので、解体前の石と同じ位置に積むことはできないことは最初からわかっている。このような状況の中で、以前の石垣と同様に堅固な石垣に仕上げる必要があった。

とくに石垣の表面に現れている部分は劣化しており強度が弱くなっていることが多い。ただし形のある石は必ず使わなければならないので、積み石だけで石垣を持たせることが難しいことが多々あった。また石が痩せているために修復前の石垣よりも大きな空間ができる。そのような場合は大きめの間詰石を入れることによって積み石の補強するのだという。

新たに石垣を築く場合、積み石の石組全体で石垣を支えているので、間詰石がなくとも十分耐用できる構造であった。間詰石は積み石の隙間を埋めることがその役割であり、間詰石を取ってしまっても石垣は十分強固なものになっていた。しかし一部風化した石を使う場合は、間詰石も積極的に構造上の強度を担うことになる。この点が大きな違いであった。基本的には石垣全体の姿は変わらなくとも、このような石工の考え方や想いが積みなおした石垣に伝わっていくことになる。

石には個性がある

石積みに際しては常に一つひとつ丹念に積み上げていくのであるが、積み石にはそれぞれに個性があり、すべての石が異なった形をしており、一つとして同じものはない。大きさや形が異なることで、石の重心も異なっている。石の形によって、その石を支える方法も形も異なっている。それぞれの石に物語があるかのようであった。とくに自らが選んだのではない大きな石を積むときは現場に緊張感がはしる。

　たとえばＢ２３０という大きな石がある。幅も高さも一ｍ二〇㎝ほどの石で、厚み（奥行き）はさほどなく平たい石であった。この石の下場の前面がとがっていて、背面はＶ字型にせり上がっている。このような形の石は前面に滑りやすいという。穴太衆積みの基本はみえる部分（表の

古墳に使われていたとみられる奥行きのない大きな石(B230)

大きな石を積む場合は積み方の順番が変更になる場合がある。(B230)の右の石は(B230)の後から積んだ石

面）よりも奥行きの長い石を使うことで、安定して石を積むことができるということであったが、この石は奥行きがほとんどない石であった。もともと古墳に使われていた石を再利用したのではないかということであった。

この石を吊り上げて所定の配置にもっていき、いったん仮止めをした後、積み石の後に回った二人は一抱えもある大きな石を二段組にして、積み石の後ろにたちあげて数か所固定し、さらに栗石を入れて固く突き固めた。その後背後の山肌を支えにして二か所に杭を打ち込み、積み石の背後の上面を押すようにしてあてがって支えにした。一般の積み石と同様重心は少し後ろ気味にしたという。重心が前にかかりすぎると前に倒れやすくなり、逆に重心が後ろにさがるほど石は滑りやすくなっていく。

またB263という大きな石を上げたときは、どの積み石にもするように傾斜角度（縦方向の確認）、横の石との水平の確認（横方向の確認）をすませた後、介石を入れて石の位置を確定した後に、ストーンサークルのように積み石の背後を取り巻くようにして大きめの石を並べ、その上で栗石を入れてしっかりと固めていった。背後にまわした大きめの石も積み石を支える力になるのだという。この場合は介石、支えの石、そして栗石が大きな積み石を支えることになる。

石の重心　重機で石を吊り上げるとき、石にかけるワイヤーが石の中心にかかっていないと危険であるばかりでなく、釣り上げることが難しい。したがって釣り上げた際には重心の位置が確認できている。そして所定の場所に置くときは、あらかじめ重心が石の後ろにくるように置くという。一三代目万喜三流の積み石の重心は、石の奥行きの三分の一のあたりにかけたという。奥行きの長さが一mほどの石とすると、小口から三〇㎝余りのあたりになる。傾斜度のある石垣の場合はとくに重心の位置が後方にくることになる。またその上に新たな石が乗ることで、重心が多少前後することがあるが、そのようなことも体験値として、ある程度の許容範囲があるようである。まさに石と対話をしながら行う作業であった。

一般の石垣とは異なり、山を削って敷地を確保するための石垣や、山城の石垣などは、より高く石を積み上げていくことでその役割を果たすことになる。そこでより慎重な作業になる。どんなに高く積み上げても、極力水平を保つように横石積みをしていくこと、一つひとつの石の重心が適切な位置にあること、上に積む石は下の石の二点で支えていること、そして上の石の重力が下の石に伝わっていること、山肌と石垣との間を広く取り、栗石を固く詰めて石垣を支えることが重要であった。

古い石垣の積み方　今回の石垣の現場も、高いところでは四ｍほどもあって、足場を組まなければ到底積むことはできない。重機のなかった時代、どのようにして高いところまで石を持ち上げたのだろうか。近世の城つくりの場合は、工事用の坂道をこしらえて、牛車や牛馬の背に石を載せて上まで運んだことが一つの事例としてみられた。工事用の坂道の後は城門として使用することが多かったという。このような作業は強大な権力のもとに、多くの労働力が招集されることで成りたつ作業であり近世以降の話であろう。しかし古代・中世の山城や山中の寺社などの石垣については、具体的なことはわかっていないようである。

栗田氏によれば、近くで採石できるところでなければ石垣は築けなかったのではないか、という。事実山城は石の採れるところに築かれている例が多い。比叡山や日吉大社を取り巻く山々も石を多く産出する山であった。このような場合は、山中に埋もれている石や大きな石の塊を砕き、上から降ろしてく

古い時代の石垣は上に行くにしたがって小型の石が積まれている（東本宮）

る方法をとることが可能になる。そしてその工法が今回修復している石垣にみられるのではないかという。

今回修復した石垣は、高さ二mのあたりまでの石の使い方と、それ以上高い所の使い方が異なっている。とくに東面の石垣をみると、下の方は大きな石と小さな石を組み合わせて積み上げているが、上に行くにしたがって小さな石を使用することが圧倒的に多くなっている。大きな石を上の方で使うことは、危険を防ぐためにも労力的にも不利な状況になるからであろう。

石は下から積み上げていくものであるが、強固な石垣を築くには山肌と石垣との間を広く取ることは何度も述べた。今回の場合は栗石を入れる一mほどの幅が作業用のスペースとして活用された。人が自由に動くことのできる通路にもなっている。このスペースに次の段に積む予定の石を上から落として貯めておき、順番に石を置いていくことができる。石が大きくなれば上から降ろすことは可能であるが、下から上げることは不可能に近い。よって石垣がさらに高くなると、栗石を入れる幅をさらに広くとり、石垣自体を強固なものにすると同時に、高い城壁の場合はさらに広くとって上から降ろす石の置場を確保するのだと思う。

石を上から降ろす　粟田氏の石の積み方は、特別の大きな石を使う場合を除いて、基準になる石を置いた後はほぼ順番通りに等高線上に沿って石を置き、基準線に対して石の上面が揃っているかどうか確認する。石積みの作業が一段上に移ると、基準になる糸を一段あげてこれに合わせて石を積んでいくことになる。予定した石を置き終わると積み石との高さまで栗石を入れ、積み石とほぼ同じ高さにする。このスペースが次の段の石を積むときの作業用通路にもなり、上から石を降ろすことも可能になる。

修復がすんだ東本宮の高石垣。外観は変わらないが強固なものにつくり直された

この方法が重機を使用できなかった時代の「古式穴太衆積み」の工法であったのではないかと考えられるのであるが、山を削って平地を確保する際に、石材が豊富でなければなしえないことであろう。

いずれにしても上に積み上げていくにしたがって小さな石を使うことが、労力的にも安全性を保つためにも有利であり、天場を合わせる作業も容易になるであろう。古い石垣の上部に小さめの石が使われている理由もそのような所にあった。とくに日吉大社の裏山は、群集墳を築くことができるほど大小の石が豊富な山であり、積み石の選択が比較的容易にできたのではないかと思われる。

図12　石垣を積む順序（東本宮南側高石垣）

栗田氏が石を積んでいく順番にしたがって第１工程から第20工程までの石を図示した。また基準になる石を選んで、解体時につけた番号を図面上に記した。上から番号をつけているのは上部から解体していくからである。

A207（B317）とA205（B316）から上部のA1（B1）までの石は、南面と東面の基準になる石。

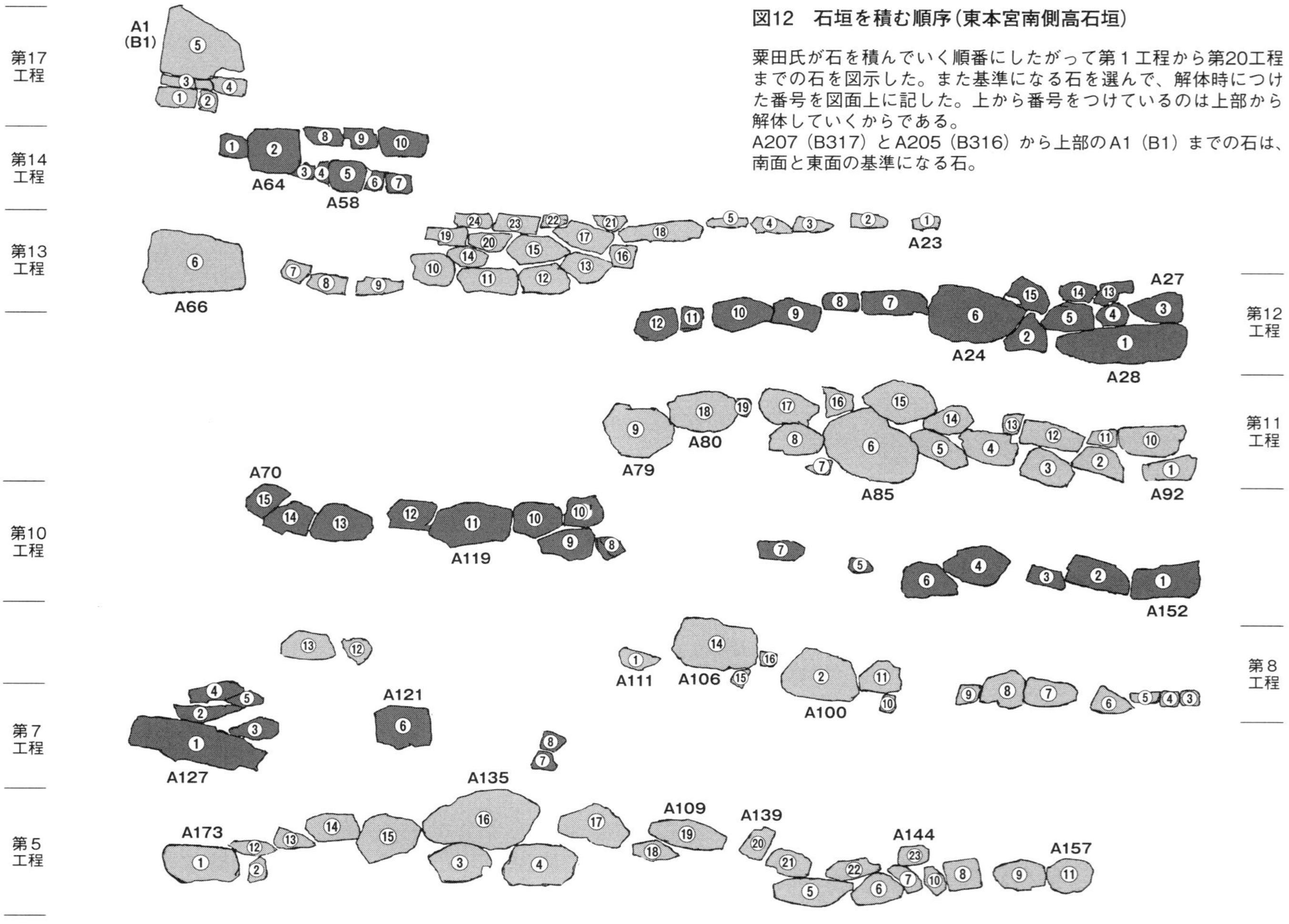

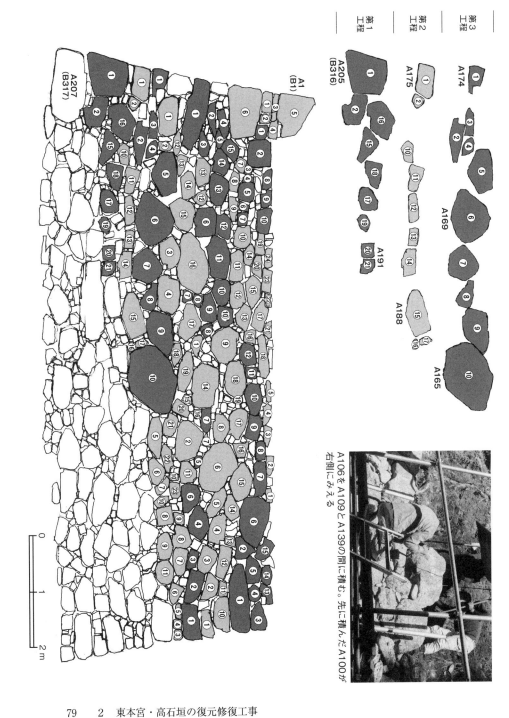

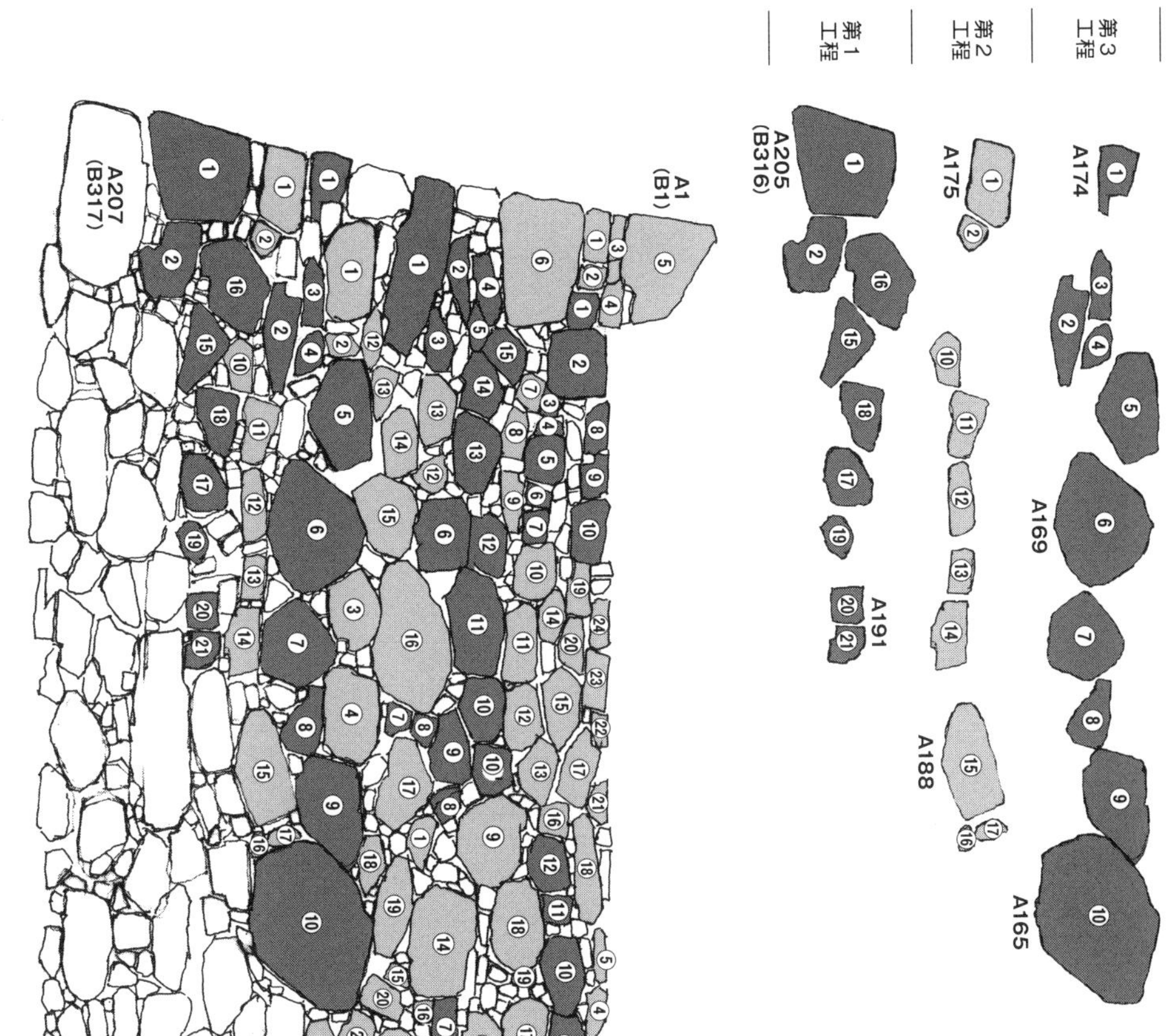

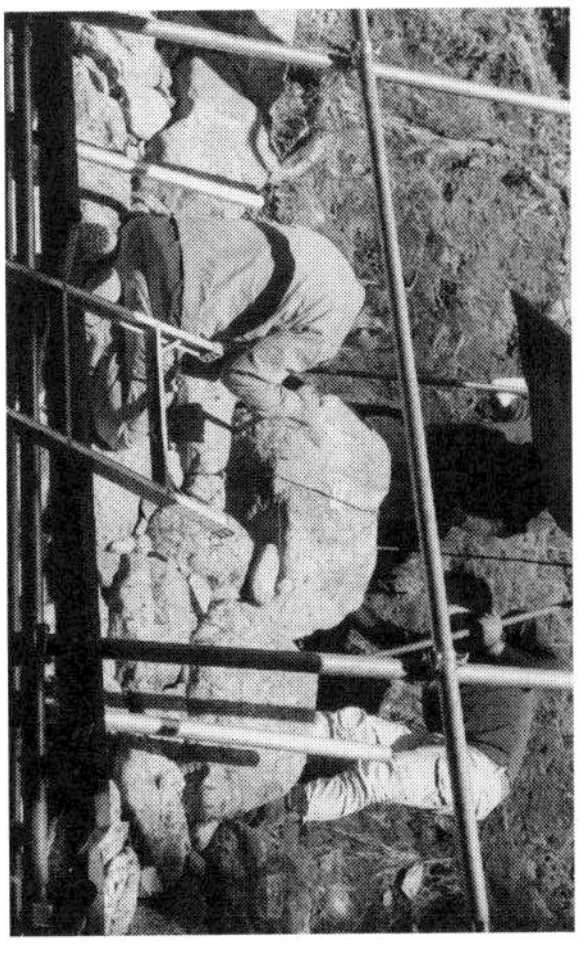

A106をA109とA139の間に積む。先に積んだA100が右側にみえる

図13　石垣を積む順序（東本宮東側高石垣）

南側石垣と東側石垣が同じ高さになるよう交互に石を積んでいることがわかる。石垣と山肌の間の空間を、作業路と石や道具を置く場として、活用するためであった。

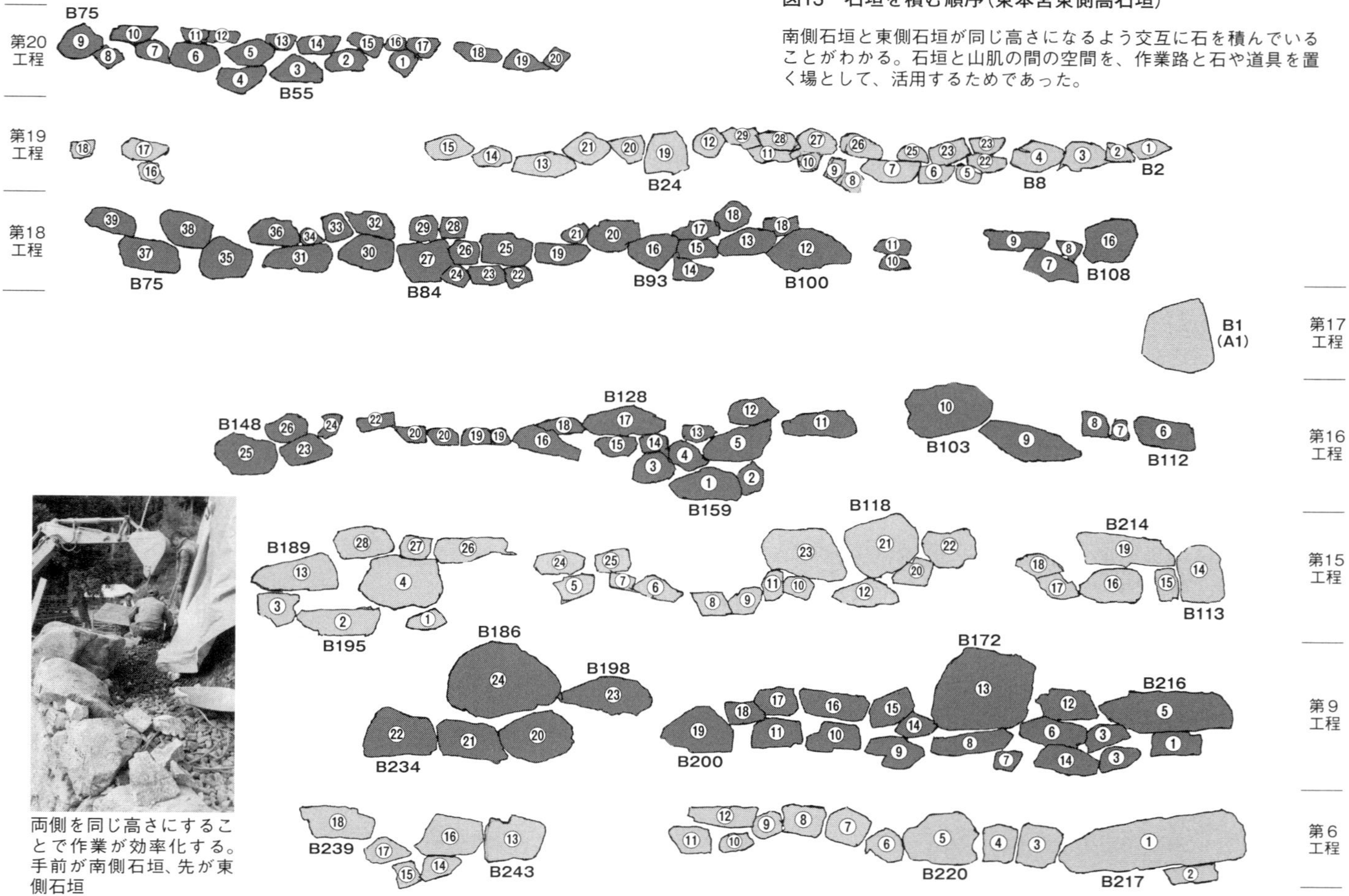

両側を同じ高さにすることで作業が効率化する。手前が南側石垣、先が東側石垣

仕上がった東側石垣の天場

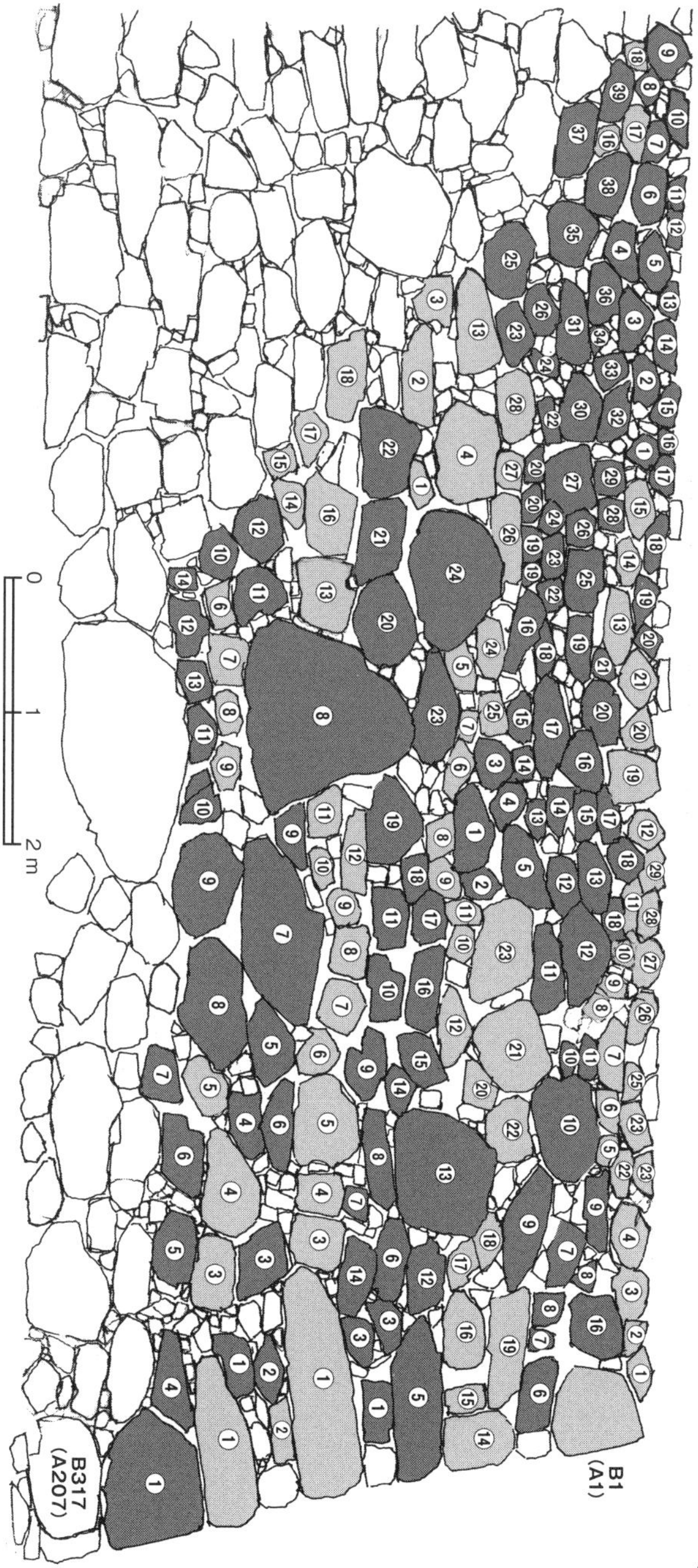

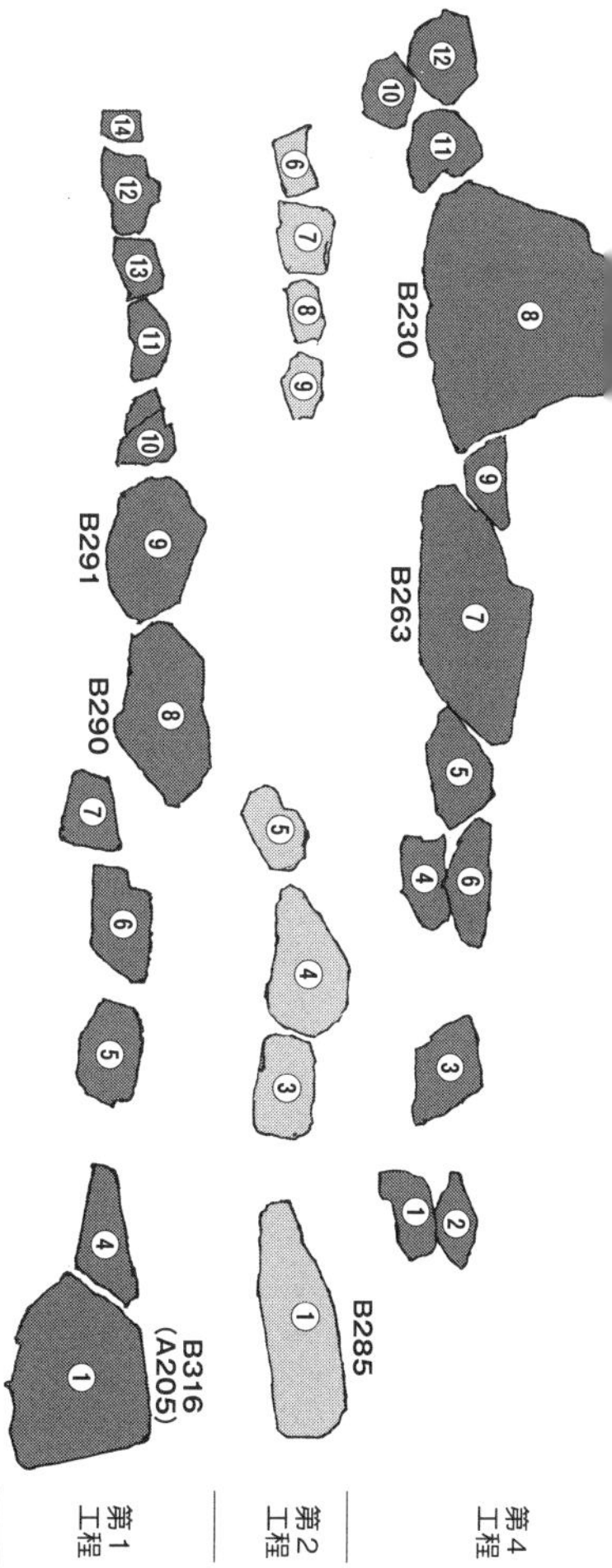

二マタによる石の移動　後に一四代純司氏にうかがったことであるが、重機を使わずに大きな石の移動や高く持ち上げる作業には二マタを用いたという。二マタは二股という意味であろう。大きな背の高い丸太を二本使って上部を交差させて綱で固定し、三角形をつくる。しかしこのままでは倒れてしまうので、その直角の方向に二本の綱を張って二マタを支える。この綱を緩めに張っておくと緩んだ分だけ自由になり、二マタを左右に動かすことが可能になる。

二マタの上部と下部には滑車を吊るして綱を通していく。大きな石を移動するときは上部と下部に複数の滑車を取り付けそれぞれに綱を通す。滑車の数が増えるとその分だけ綱を曳く労力が軽減されるからである。次に二マタの足元にも滑車をつけ、綱を足元の滑車に通し、その綱をロクロを使って巻いていくと下の滑車が上に上っていく。

ロクロには縦軸ロクロと横軸ロクロがある。船を砂浜や港にあげるとき使用するのが縦軸ロクロで、太い丸太に数本の腕木をつけておく。その腕木を何人もの人が力いっぱい押しながら回して綱を太い丸太に巻きとっていくと、石を取り付けた下の滑車が上に上っていく仕組みである。二マタの足元に滑車に綱をまわしておけば、その綱を比較的楽に曳くことができ、また二マタが倒れることはないという。石を持ち上げること、そして左右に振ることができるので石の移動が可能になるのである。

石を目的のところまで運ぶときは、二マタを移動しながら運んだという。また石を上にあげるときは二マタを高所に置き、滑車に取り付けた綱を長くしておくと、下の方にある石も上にあげることができた。しかし安土城の修復工事の場合は、人力でロクロをまわすことは限界があったので、発動機を高い所にあげその力でロクロをまわして石を吊り上げたという。

香川県高松市牟礼町の石の民俗資料館には、大きな石を移動する、また吊り上げる方法がジオラマとパネルによって具体的に解説されている。これをみると縦軸のロクロと修羅を使って石を移動し、また三本の柱で櫓を組み、滑車、ロクロを使って石を吊り上げる方法があったことがわかる。牟礼町は庵治石（花こう岩）の一大産地として知られている。

縦軸のロクロを使用して巨石を移動する（高松市石の民俗資料館）

三本の柱で櫓を組み巨石を高所にあげる（高松市石の民俗資料館）

第2章　穴太衆のふるさと

1　穴太衆のふるさと

滋賀県（近江国）が興味深いことの一つに「○○のふるさと」という言葉がぴたりとあてはまることであろう。たとえば、各地の漆器産地や温泉地などで活動していた木地師の仲間が、祖先の出地であると思いを寄せている「木地師のふるさと（旧永源寺町小椋谷・現東近江市）」、行商を通して全国に経済・流通網を築いた「近江商人のふるさと（高島・近江八幡・五箇荘・日野）」、そして観音信仰を色濃く残している「観音のふるさと」（湖北地方）がそれである。実は近年になって、石積みの技術を残した穴太衆も近江国、つまり滋賀県がふるさとであった可能性が高くなってきた。

大津市坂本地内に高畑という地区がある。この地区が穴太頭とよばれる人びとが住んでいた地域であったというのである。穴太頭は戦国時代末期から近世前期にかけて、全国の城郭の普請に関わった石積み集団を統率した石工の頭であった。

明治七（一八七四）年の作成とされる旧高畑村（現大津市坂本）の絵図の中に「戸波駿河屋敷」「堀金出雲屋敷」、そしてこの地図には、穴太頭であった「戸波駿河」「堀金出雲」「高村三河」「戸波丹後」の墓が描かれていたことが、地元の郷土史家松野孝一氏と神宮寺住職中嶋秀和氏によって見出されたのであ

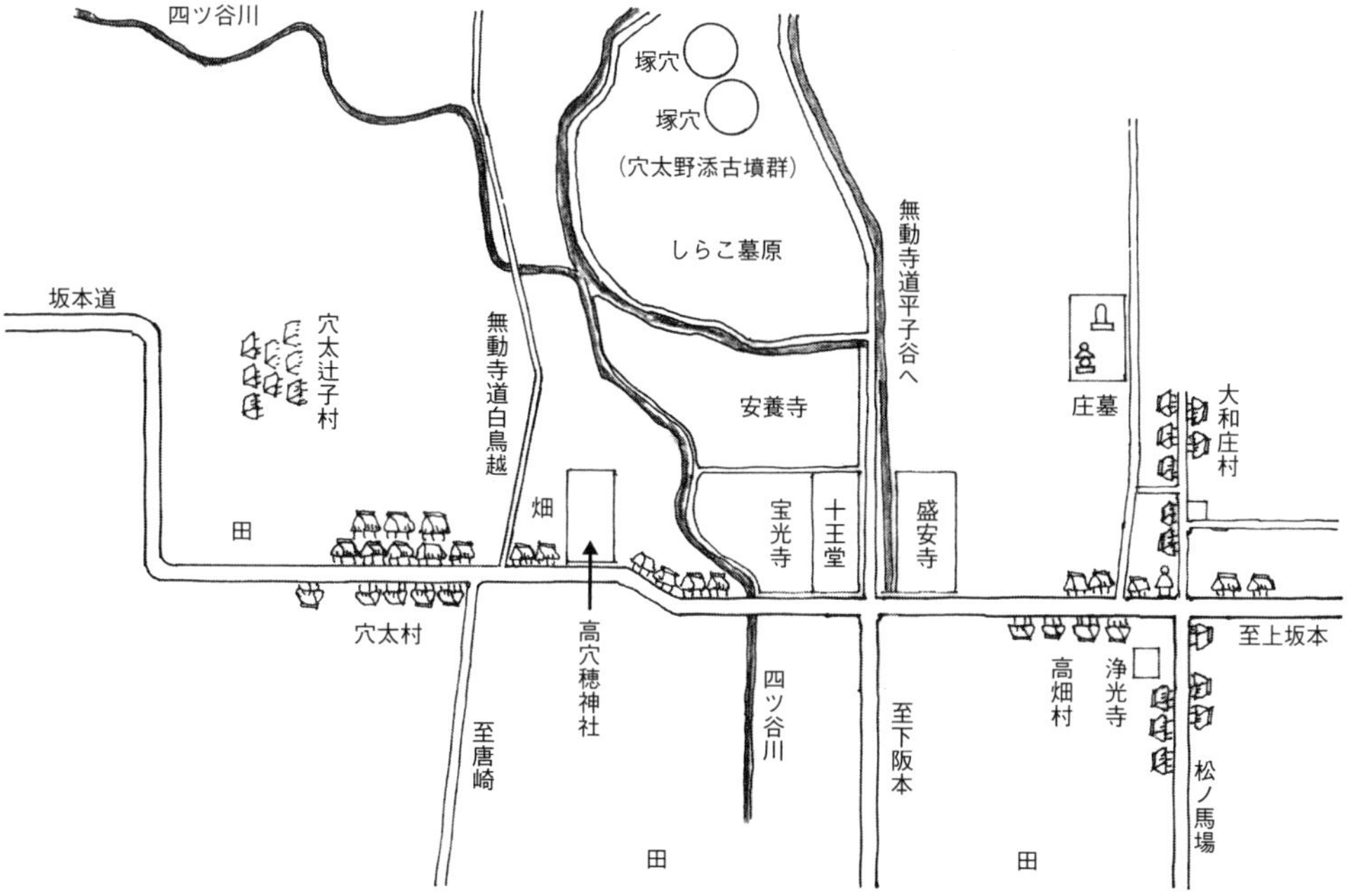

図14　穴太村・穴太辻子村・高畑村・大和庄村(松野2016に加筆)

N

図解説　高畑村と浄光寺

○地図は穴太村、穴太辻子村、高畑村、大和庄村との位置関係を示したもの。

○高畑村の絵図に穴太頭の戸波駿河と堀金出雲の居住地が描かれていた。浄光寺は戸波駿河の菩提寺である。

○庄墓には戸波丹後と高村三河の墓、庄墓の上方の山中に戸波駿河と堀金出雲の墓がつくられている。

○図14は叡山文庫所蔵の江戸時代の絵図を参考に、本文を理解するために必要な要素を加筆した。

○下阪本は明治以前の表記、下坂本は明治以降の表記である。本書では下阪本に統一する。

戸波丹後一族の墓

戸波駿河の菩提寺である旧高畑村浄光寺

旧高畑村の景観、今日でも田畑が広がる景観がみられる

る。平成二十八（二〇一六）年のことであった。

　戸波駿河と堀金出雲は穴太衆を率いた四軒の穴太頭のうちの二軒で、旧高畑村に領地を与えられていたが、後に江戸に移住したという。このほか戸波丹後、北川豊後、高村三河という名もみえ、いずれも穴太頭であったと伝えられている。「戸波駿河」「堀金出雲」「高村三河」「戸波丹後」の墓は旧高畑地内にあり、今日なお神宮寺の住職が墓を守っているという。

　戸波駿河とその一族の墓地には、広い敷地の中に五輪塔をはじめ七基の供養塔が建てられている。敷地の中には「江雪宗巴居士元禄五年」と刻された供養塔があり、少なくとも元禄時代にはこの墓地が作られていたことになる。この供養塔の主は「高宮恵隆比丘尼」で、戸波家の中に女性の出家修行者がいたことがわかる。

小型の卒塔婆が一五枚残されており、神宮寺の住職が代々穴太頭四家の菩提を守ってきたことによる。この中には法師と書かれたものが一枚、禅門・禅尼と書かれたものがそれぞれ二枚含まれている。延暦寺との関係が深く、仏門に入った家族が少なくなかったようである。そして当主である「戸波駿河」と書かれたものもみられた。このほか先にみたように「堀金出雲」「高村三河」「戸波丹後」墓が絵図の中にみえ、現存しているのである。

高畑村には石工の株仲間が存在し、近世においては先の四名を含めて一二名の穴太頭が登録されていたという。この一二名の穴太頭の存在については、今後とくに検証する必要があろう。これら穴太頭は比叡山や坂本の石垣の築造に携わっていたであろうが、当時全国各地で仕事をしていた城壁や石垣など、外構の石組を行う石工を統括していたのではないか、ということである。

穴太衆に限らず石積みの作業には、一定の技術を保持していることが求められるが、その技術をだれが保証するのかという問題がある。それは一種の「お墨付き」といわれるもので、一人前の石工としてのお墨付きを与えたのが徳川幕府から受領名を拝した駿河（戸波家）・三河（高村家）・出雲（堀金）・豊後（北川家）・丹後（戸波家）といった穴太頭であったとみられるのである。とくに城壁などの大工事を担当する各地方の石工の頭は、上記の穴太頭からお墨付きを得ていたのではないか。

後にみていくことになるが、戦国期末から近世初期にかけて多くの城が建設されたが、各地で城壁の石積みに携わった石工はおびただしい数にのぼったであろう。この時代に現地の石工の頭について技術を修得した若い石工が一人前になった保障として、幕府に抱えられ領地を与えられた上記の穴太頭がお墨付きを与えていたのではないかと考えられるのである。

このお墨付きは後に一人前の石工として、また各地に旅稼ぎをするようになった石工職人の身分証明書として、また通行手形の役割をしたであろう。とくに旅稼ぎをする際には身分を証明するものが必要であり、何よりも仕事先において現地の人びとの信用を得ることがもっとも必要なことであった。そして今日なお各地で石材業を営んでいる人びとの中には穴太衆の存在を認識しており、近江の坂本を故郷にもつことに誇りを持っている人も少なくないようである。

同じようなことが木工職人である木地師の間でも行われていた。木地師にお墨付きを与えていた所が同じ滋賀県の永源寺町(現東近江市)の小椋六ヶ畑とよばれた地域であった。木地師の後ろ盾になった方が、皇位に着くことがかなわずこの地に隠棲したと伝えられる惟喬親王(八四四〜八九七年、文徳天皇の第一皇子)であったとされている。

小椋谷は鈴鹿山地の西麓に位置している。惟喬親王は豊かな樹木に恵まれたこの地で、ロクロを使用して木地を挽く技術を人びとに教えたという。この技術を持った工人が良木を求めて各地の山を移住しつつ、五〇か所あまりを数える日本の漆器産地の形成に大きな役割を果たしたと伝えられている。近江の小椋谷が木地師のふるさととよばれる由縁である。全国の木地師のすべてが小椋谷の出身ではないと思われるが、多くの木地師は小椋姓を名乗り、先祖の故郷が近江であることに誇りを持っている。

いずれにしても穴太頭の屋敷が記された地図が発見されたこと、地図にみえている墓がそれまでわからなかった穴太頭の墓であることが判明したことにより、高畑の地が、穴太衆のふるさとである可能性が高くなったのである。それでは、穴太衆という石を扱う技術者が歩んできた道をたどってみたい。

2　延暦寺と日吉大社

穴太衆の問題を掘り下げようとするとき、文献資料の存在が大きな力になる。幸いなことに坂本には大正十（一九二二）年に創設された叡山文庫があり、この文庫には古文書や延暦寺に関する書物が多数収蔵されていて閲覧が可能である。その数は三〇万冊にも及ぶという。また二〇一八年に『日吉大社大年表』という多くの文献・資料を駆使してまとめられた大部な冊子が完成し、古代からの日吉大社の歴史が一覧できるようになった。この中に延暦寺の歴史も記されている。

そしてさらに大きな力になっていることは、地域の文化や歴史に関心を持って独自に地域研究を行っている人が坂本には少なくないことである。それらの人びとは皆私の師匠になる方々で、新参者の私にさまざまなことを教示してくださっている。これらの資料を手掛かりにして、延暦寺と日吉大社、穴太衆と石垣の問題についてみていくことにする。

なお、第1章と多少重なる部分があるが、穴太衆積みを語るときにとくに重要な部分であると考えているので、修正はしない。

(1)　延暦寺と日吉大社の立地

日吉大社には西本宮（祭神大巳貴神）と東本宮（祭神大山咋神）の二つの本宮が存在する。西本宮系の神社として宇佐宮・白山宮、東本宮系の神社として樹下宮・牛王宮・三宮神社があり、この七つの神社を

琵琶湖から比叡山をあおぎ見る。手前に広がる斜面に坂本の町が広がる

合わせて山王七社という。その境内は比叡山東麓に位置し、美しい山容をみせる八王子山（牛尾山・標高三七八ｍ）を含めて約三二万六四〇〇㎡といわれている。概算では一〇万八〇〇〇坪ほどになる。モミやスギ・ヒノキなど豊かな森に囲まれた境内で、この中に山王二十一社といわれる社や祠が祀られている。まさに神域といっていい。

また比叡山延暦寺は、北から水井山（七九四ｍ）・釈迦ヶ岳（七五〇ｍ）・大比叡岳（八四八・三ｍ）・四明ヶ岳（八三八・八ｍ）といった山が連なる中にある。寺域は、東西は東の坂本から西の京都市八瀬まで、直線距離で約五㎞、また南北は南の山中越えから仰木峠まで約八㎞になる（武一九九三）。

この広大な寺域の中に堂宇が集中している地域を三塔という。東塔・西塔・横川である。さらに三つの塔から十六の谷がわかれている。この谷沿いにも堂宇が建てられていて、一般に三塔十六谷とよばれている。これら山の全体を称して比叡山延暦寺という。ちなみに延暦寺の所在地は、一部を除いて大津市坂本本町となっている。

この三塔十六谷に存在する堂舎と、かつて堂舎が存在してい

延暦寺参道の石垣。土留めのための低い石積み

延暦寺東塔参道の古い石垣

延暦寺横川中堂への登り口

たとみられる削平地の分布図が作成されている。延暦寺の武覚超氏がご自身の足と目で確認された貴重な資料である（武一九九三）。この地図から興味深いことがみえてくる。それは削平地の分布図で、現在存在する堂舎よりもはるかに多くの削平地が存在していたことがわかるからである。たとえば東塔南谷では根本中堂、大講堂、書院、延暦寺会館等の建造物が知られているが、このような広い敷地を要する

建物は比較的なだらかな斜面が選ばれている。

東塔は南谷のほかに東谷、北谷、西谷、無動寺谷が伸びており、これら五つの谷にみえる削平地の合計ははるかに多数を占め、一四五か所ほどにのぼっている。そしてその多くが等高線が重なる斜面上に立地しているのである。斜面の高い方の土を削り取りその土を低い方に盛り上げて平地を造成しているとみられる。石積みについては明らかではないが、当時は土砂崩れ等を防ぐための信頼できる手段は石積みであった。

山を崩したときに出てきた巨石を利用した石垣（宇佐宮の背面）

同じように西塔五谷の堂舎僧房分布図をみると、現存している建物が二〇棟ほどに対して、削平地は九〇か所あまりを数える。また横川に対しても同様で、その削平地は一〇〇か所を数えることができる。武氏が確認された削平地は全ての谷で三三五か所ほどにのぼり、このほか未確認のものを含めると現存する建物をはるかに超えていることがわかる。敷地面積の大きい所は寺院跡、小さい所は僧坊跡ではないかとみられるが、多くの建物が斜面を造成して建てられていたことが想定できる。

一方、日吉大社境内をみていくと石材が豊富な地域であったことがわかる。西本宮・東本宮・参集所・早尾神社・求法寺などの主要な寺社仏閣の背後には石垣が築かれている。とくに興味深いことは、宇佐宮の背後には自然石をそのまま利用した石垣が築かれていることで、背後の山の斜面を削り敷地を広くとるために構築した石垣である。工事中に大きな岩が出てきたので、それをそのまま石垣の一部に利用したのだと思う。その石は直径二m余りもありそうな巨岩である。このあたりは山の土を削り取っていくと、この様な巨岩があちこちに埋まっているようである。その岩を賢く利用した石垣であった。

また大宮川の河原には、今日なお大きな石がごろごろ転がっている。比叡山から流れ出る川は大宮川、藤ノ木川、足洗川、四ツ谷川などがあるが、大宮川の河原に降りてみると、今日なお大小さまざまな石が転がっている。川石であるから皆丸みを帯びており、大きいものでは長さが二mほど物も少なくない。山の中などに埋まっていた石などは、そのまま利用することができるので都合がいいことになる。しかし当時は、河原の石は高いところまで運ぶことが難しかったと思われるので、小さな石を除いて活用されずに残ったのかもしれない。

坂本に金剛河原町と表示された通りがある（図16・96頁）。日吉大社と延暦寺への参拝用の道として利用されてきた作り道という道から、琵琶湖の方向に下ったところである。時代は明らかではないが、もともと河原であったところを人工的に川の流れを変えて道をつくり、町として作り上げたとみられる。この地域は藤ノ木川が不自然な形で流れているが、その先に町が形成されているのである。このあたりも人工的に川の流路を変え、道を造成する以前は大きな石がごろごろ転がっていたに違いない。

また日吉大社に向かう広い参道を日吉馬場という。天智天皇が近江大津宮に遷都された六六七年の翌年、大和国三輪山に坐す大巳貴神が日枝山口に鎮斎された。神が三輪山から唐崎沖へ、そして比叡辻に至ったとき、日枝山口の河原の奥から瑠璃色の光がさしているのをみて、大巳貴神自身が鎮座する処を

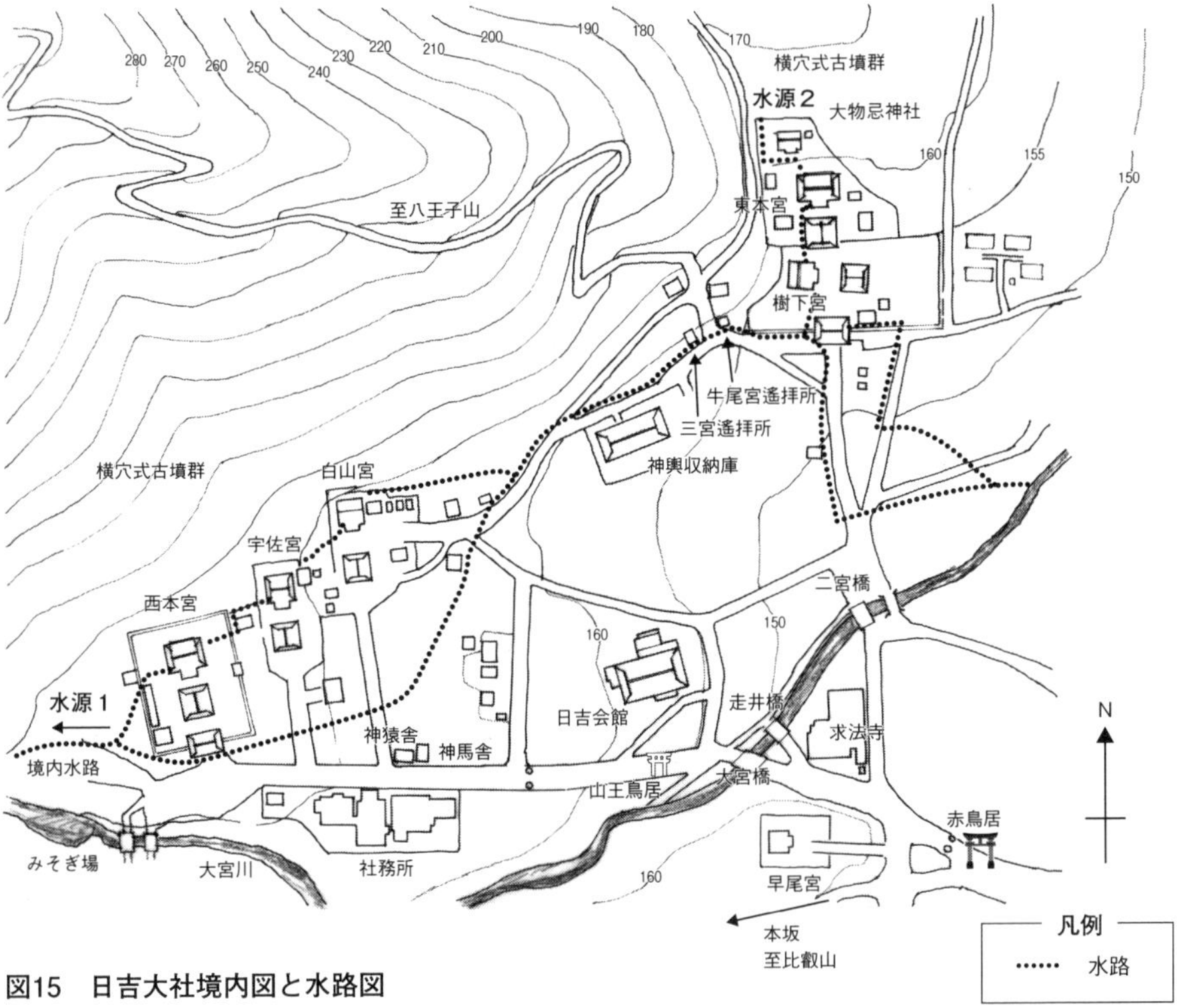

図15　日吉大社境内図と水路図

図解説　日吉大社の境内

○八王子山東麓の比較的なだらかな斜面上に山王七社の社殿・遙拝所が配置されている。

○社殿は北側にならび、その背後は山を削り取って、石垣を築いている。境内の南面には大宮川が谷をきざんでいるからであろう。

○西本宮・宇佐宮・白山宮、そして東本宮の裏山には横穴式古墳群が築かれていて、この地域の歴史の古さを知ることができる。

決めたと伝えられている。瑠璃色の光が消えたところが現在の西本宮の脇の大宮川の河原であったという。現在大巳貴神が鎮座する西本宮は、参道である日吉馬場の先のなだらかな坂を上ったところあるので、当時の日吉馬場は河原だったのではないかと想像する。

大和国三輪山からこられた大巳貴神が留まったとされ大宮川の淵。西本宮に隣接する場所にあるが昭和９年の暴風雨で橋は通行不能になった

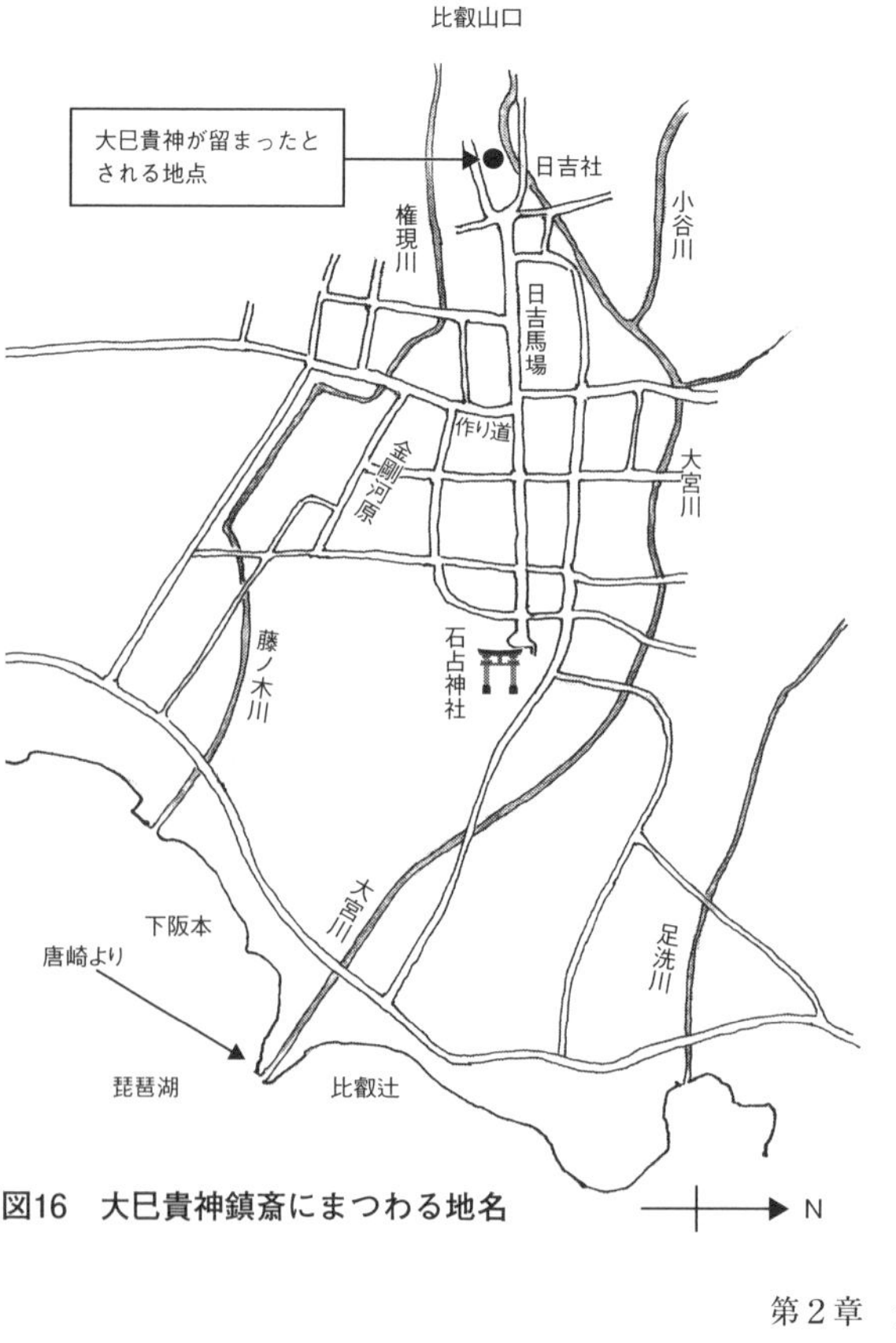

図16　大巳貴神鎮斎にまつわる地名

琵琶湖に一番近い石占神社の祠と石垣

大巳貴神を案内した神は奥津島姫命といい、石に坐したる占いの神であったとされている。女神は井戸の水で大神の足を洗い、本宮の聖域まで案内したという伝承がある。この女神を祀る神社を石占《いしらい》神社という。この神社は坂本地内に鎮座する境外社のうち、一番琵琶湖に近い地域に鎮座している。

なお奥津島姫命は宗像三女神の一神である市杵島比賣命の別名とされており、航海の安全を守る海の神として知られている。琵琶湖を船で渡ってきた大巳貴神を航海の神が案内したことになる。この話は伝説ではあるが「石に坐したる占いの神」といった表現も、坂本一帯が石の豊富であった地帯であったことが想像できる伝承であろう。

古くは、川は自由に流れているものであった。そのため水の害が及ばないように水路を造成し、人工的に流れを変えていく際に土手を築いて流れを一定させることが行われる。この場合石組をして水を誘導することがあった。現に日吉大社の境内や坂本の町では、そのような人の手が加わった用排水路をあちこちでみることができ、このような施設を構築する作業も、石を扱う技術者が関わっていたことは間違いないであろう。坂本の町に築かれた石積みは、後にじっくりとみていきたい。

（2）山の災害を防いできた知恵

日吉大社や延暦寺の境内を歩いていて感ずること、そして『日吉大社大年表』等の文献をみていて感じたことがいくつかある。それは戦乱や不注意・不審火等による火災によって、大きな堂宇が焼失する記録が少なくない。しかし今日なお多くの災害が発生するこの国において、震災や洪水等によって建物が崩壊したという記録はさほど多く残されているわけではない。

日吉大社も延暦寺も、もっとも規模の大きな火災に遭遇したのは元亀二（一五七一）年の兵禍であったといっていいが、それ以前にも火災が生じている。治暦三（一〇六七）年一月十日に大宮宝殿・回廊・楼門・東竹林・西竹林が焼失している。その後朽木村（現高島市）の杣人六十六人が材木の木造りにあたり、同年四月十三日に客人宮（白山宮）に一時的に遷座したご神体を大宮に遷宮している。火災後非常に早い対応であった。このことで日吉山王信仰が広い範囲に浸透していたことがわかる。

また保延六（一一四〇）年三月二十五日に二宮（東本宮）の彼岸所から出火し、二宮、十禅師・小禅師・三王子の各宝殿と神輿、二宮彼岸所・拝殿・回廊・楼門、大行司彼岸所・十禅師拝殿が焼失した。三か月後の同年六月十六日に二宮・十禅師宮の上棟式が行われ、八月には遷宮が行われている（以上『日吉大社大年表』）。この火災に対しても迅速な復興がなされている。

年表から火災による社寺仏閣の消失は何度かみられるのであるが、地震によって建物が崩壊する、土砂崩れ等で建物が流される、といった記録は意外と少ないし、あっても部分的なのである。その理由として災害を受けにくい地形を選んでいること、災害を防ぐ工夫をしていることがあげられるように思う。水害に遭いにくい所や硬い岩盤の上などが敷地として選ばれているのである。

東本宮背後には古墳とみられる大きな石が点在している

比較的安全な地域を選んだとみられる理由の一つは、境内とその周囲の山に古代遺跡が多いことである。もっとも注目される遺跡は古墳であり、その多くは横穴式の円墳である。すでに破壊されているものが多いが野面石の横石積みであることがわかる。このような古墳が東本宮の北斜面に一七基、西本宮・宇佐宮・白山宮の背後の斜面に二八基が集中している。そのほか神輿収蔵庫周辺等にみられる遺構を合わせると六六基ほどにのぼるという。

これと同じ形式の古墳は、湖の西側においては日吉大社の古墳群が北限になるようである。坂本から南に下って野添・穴太・志賀里に至るとさらに多くの群集墳が発掘されている。さらには群集墳だけでなく、同時代の大壁造りの住居址、またオンドルとみられる遺構も出土している。この事例でわかることは、古い時代から人びとは生活していく上で比較的安全な地域を選んでいたということである。いずれも琵琵琶湖を見渡すことのできる高台に位置している。古代の遺跡が多いことは、その地域が安全な所であることをみていく一つの指標になると考えられている。

（3）災害を防いできた石の構築物

もう一点地震、大雨、大風等による災害で建物が倒壊することが少なかったことは、災害が少なかったのではなく、災害を防ぐ努力と知恵を備えていたからではなかったか。それでも災害を防ぐことは容易ではなく、先の橋のように流されることがあった。日吉大社の境内とその近くを流れる川は、比叡山中を源流とする大宮川と小谷川、そして藤ノ木川で、流域は短いが水量の豊かな川である。小谷川は大宮川の北部を流れ、琵琶湖に出る途中で大宮川と合流している。また藤ノ木川は大宮川の南側を流れ、滋賀院（後述）のあたりまでを権現川といい、それから下流を藤ノ木川とよんでいる。

大宮川は境内に近づくにつれて比較的深い谷をつくり、山王鳥居と赤鳥居の間で大きく左に曲がり、さらに東本宮の参道の下のあたりで右に曲がり、再度左右に大きくうねってから琵琶湖へと流れていく。山王鳥居と赤鳥居の間の流れは参道を横切るために大宮橋、その下に走井橋、さらにその下に二宮橋が架かっている。大宮は西本宮、二宮は東本宮の別称である。いずれも木橋を模した石橋で、寛文九（一六六九）年に木橋から石橋に架け替えている（図15・95頁）。

この石橋の下をくぐってみると、川が大きく蛇行する部分や橋元を支える部分にはがっしりとした石が積まれていて、大水が出たときには川がえぐられることのないように、そして橋が崩れることのないように配慮していることがわかる。また川の水が一気に流れないように、途中で背の低い滝状の段差を

走井橋の橋元に積まれた石垣

二宮橋の橋元に積まれた石垣

東本宮東面の石垣。報告書には「穴太衆積み」と記されている

つくり水の調節を行っている。

権現川（藤ノ木川）は比叡山にのぼる道に沿って流れる部分、そして神仏に奉仕する人びとの領域（後述）には、大宮川と同様に階段状に滝をつくって流れを穏やかにし、さらに石垣が積まれていて急流を防ぐ工夫がなされている。それでも危険が伴うことから、近年上流部では砂防ダムが構築された。ここからは、日吉大社境内をめぐる石垣についてみていきたいと思う。

日吉大社の境内には屋敷地を広げるとともに土砂崩れを防ぐための石積み、建物の基礎である石の土台、川の流れを調節する石組や装置、用水をめぐらすことによる水の調節など、災害や建物の倒壊を防ぐ装置が境内に施されている。このような工事がいつ頃行われたのか検証することは難しいが、参考になる事例がないわけではない。

日吉大社の社殿、石垣、用水等に境内の文化施設関する詳細な調査が二度にわたって行われ、「日吉神社境内整備基本計画書」（二〇〇九年、二〇一九年）が刊行されている。この報告書のなかで東本宮に的を絞ってみていくと、本殿

東本宮西面の石垣。報告書には「野面積み」と記されている

と拝殿の西側の石垣については、江戸時代以前に存在が確認できる部分と、元禄七（一六九四）年から昭和二（一九二七）年にかけての資料からその存在が確認できる部分があるとしている。また石積みの方法は穴太衆積みとしている（写真102頁）。

東本宮の背後に大物忌神社（東本宮の祭神大山咋神の父神）が祀られており、その西側と背面の石垣もやはり元禄七（一六九四）年から昭和二年にかけて存在が認められること、そしてこちらは野面積みと記されている。また本殿東側の石垣についても同様の解説がついているが、石垣は何度も修復しているため、年代を特定することは難しい作業になる。穴太衆積みは大小の石を意図をもって組み合わせた野面積みの石垣であり、野面積みは近くで得やすい石を集めて積み上げた石垣と理解している。

山王七社のうち牛尾宮と三宮神社は八王子山の頂上付近に鎮座している。この社がいつの時代に建てられたのか明確ではないが、文安四（一四四七）年の書とされる山王宮曼荼羅（奈良国立博物館蔵）に両社の社が描かれている。建物

八王子山に鎮座する牛尾宮（右）と三宮宮（左）

の土台の構造は櫓を組んだ形であった。同じ形式の清水の舞台は寛永十（一六三三）年の建築なので、それよりもはるかに古いことになる。

ここで問題にしたいことは牛尾宮と三宮神社の基礎の石組である。八王子山は石でできた山のようで、山頂近くには南東に向かって「こがねの大岩」とよばれる巨石が露出しており、この大岩が神の依り代として崇められている。先の山王宮曼荼羅を拡大してみてみると、石山の上に社が建てられていることがうかがえる。当時存在していた両神社の彼岸所の基礎も同様にして建てられているようである。そして両神社の基礎の部分をみると、その岩山を建物の基礎に利用しているようにみえる。もとよりそのまま利用しているのではなく、岩山を削り取った部分に柱を立て、削り取ったとみられる石をその下の部分の柱の土台に据えているようなところがみられるのである（写真61頁）。

また両神社に上る坂には石段が築かれていたようにみえる。一方その下に広がる境内に目を向けてみても、建物の基礎や階段は石組らしきものがみえるし、東本宮の背後には石垣を築いていることがみてとれる。いずれも現在は修復作業が行われているが、近世以前においても石の加工技術を持った者が日吉大社に関わる石組の作業を行っていたことがうかがえるのである。

近世以前に築かれた石の構築物に関してはさらに具体的実例を挙げることができる。平成一六年度に

日吉大社境内に残る古い石垣

大津市教育委員会は「坂本境内遺跡」と「日吉神宮寺遺跡」の発掘調査を行っている（『大津市埋蔵文化財調査年報』）。これによると、「坂本境内遺跡」に関しては、建物は全面的に火を受けて赤色化しており、一部は割れているものがあるが、石敷遺構や石組遺構が検出されたことが報告されている。しかしその遺構がどのような役割を果たしていたのか明らかではないという。

また牛尾宮と三宮神社と同じ八王子山に存在した日吉神宮寺遺跡に関しても、建物は火災によって焼失したとされているが、第一次調査では硬く叩き締められた面や石の列、石敷きなどが確認されている。この石の構築物からは室町時代土器が出土していることで、土器類と同時代の構築物であろうという。また第二次調査では敷地南北約二〇m、東西約一六mにわたり、山側の三方を石積みによって囲われていたと報告されている。高さ一・五m、三〇cmから五〇cmほどの石を使用した石垣で、中には一mをこえる石も使用されていたという。

火災によって建物が焼失しても石の構築物は残るもので

ある。日吉大社の境内には、少なくとも室町時代以前にさかのぼって、石積みや石敷きの工事が行われていたことはほぼ間違いないであろう。日吉大社境内においても、元亀の兵禍以前に積まれたことが確認できる石垣が何か所か残っている。同様に、比叡山においても古い石組が各所でみられることから、この地域には古くから石を扱う技術者が入っていたと思われるのである。

3　穴太衆の足跡をたどる

(1)　古代末から中世へ

穴太衆のふるさとをみていくとき、日吉大社や延暦寺とともに穴太、大和庄、高畑(いずれも現大津市)という地域が登場する。その位置関係を確認すると、穴太地区は日吉大社から二㎞ほど南にあり、大和庄、高畑は日吉大社と穴太のほぼ中間地点に位置している(図14・85頁)。

穴太に関しては、古記録には穴穂、穴多、穴生、穴尾とも記されている。比叡山を源流とする四ツ谷川の扇状地に立地した村で、比叡山東塔無動寺谷の東麓に位置している。古くは第十二代景行・十三代成務・十四代仲哀天皇が営んだとされる高穴穂宮があった地とされているが、決定的な証拠はないようである。現在は村の鎮守である高穴穂神社をお祀りしている。しかし高穴穂宮の伝承は坂本にも及んでおり、坂本地内には郡園神社、倉園神社、和泉神社が祀られていて、この三社は高穴穂神社系の神社と

穴太に鎮座する高穴穂神社

されている。郡園神社は行政をつかさどり、倉園神社は財政をつかさどる神社とされている。また和泉神社には国《くにの》水分神《みくまりのかみ》が祀られている。

また穴太には大津京時代に建てられたという崇福寺の跡があり、発掘によってその位置も確認されている。またこの地区は交通の要所としても機能していたようで、『延喜式』には北陸道の駅として「穴太駅馬五疋」が設置されていたと記されている。穴太を中心とした地帯は大津京、京都、そして延暦寺との関係の中で一つの役割をしてきた地であったことが推測できる。

叡山文庫には多数の文書や絵図が保管されている。その中に穴太村と穴太辻子村の二つの村が描かれた絵図がある。図中に寛文十二（一六七二）年、延宝七（一六七九）年、貞享二（一六八五）年、正徳元（一七一一）年という年号が記入されているので、近世初期に描かれたものであろう。穴太村は戸数一一戸で上坂本に通ずる道沿いに家が並び、道の東側（湖側）には水田が開かれている。これに対して穴太辻子村は穴太村より山手に位置しており、その周囲には耕地はなく、山に覆われたような地帯にある。戸数は八戸であるが、戸数に関しては両村とも正確な数であるかどうかはわからない。

穴太辻子村の「辻」は道が交差する地点をいい、「辶」の中の「十」は東西南北を示しているという。交通の要所のひとつであった可能性がある。この地方では「辻子」を「ズシ」といい細い通りをさしている。また辻は神霊の行きかうところとされ、道祖神を祭り、辻占なども行われた。道祖神は村と村の境にまつる例が多いので、本村は穴太村であり、辻子村はその枝村もしくは新たに成立した村と考えてよさそうである(図14・85頁)。

穴太とその西側の山手には二〇〇基余りを数える穴太野添古墳群が認められる。絵図の中にも塚穴と記された丸印が二か所みられるが、古墳群は漢人系渡来人とされる穴太村主が居住していた地域であったことと深くかかわっているようである。とくに当時の日本における建物は掘っ立て柱と土間式住居が主流であったのに対して、大壁造りの建物跡やオンドルを備えた建物跡が出土していることから、渡来系の人びとが村を営んでいたのではないかとされている。いずれにしても、かなり高い技術を持った集団が古くから住んでいた地域であったことは間違いなさそうである。

穴太村に関しては、古代末から中世に入ると文字による記録が散見される。先に記した郷土史研究者である松野孝一氏が『穴太頭と高畑村』という冊子のなかで資料を整理されている(松野二〇一六)。

以下に示した穴太に関する年表は、叡山文庫に保管されている資料、および独自に収集された資料を参考にして松野氏がその要旨を記されたものである。

1、康平五（一〇六二）年、「穴太御園」藤原家は穴太の野菜、果物を春日大社に献上する。藤原家「御園」を有す。正月に筵六〇枚、十一月に葛四〇束を献上『康平記』。「御園」を耕作、管理する寄人に多数の日吉神人がいた。

2、天承二（一一三二）年、藤原忠実が穴太に居所を建てる。「穴太の牧」と言われる。牧は北陸道穴太駅の馬の牧場。官牧といわれた。牧は徐々に関東に移り、この地の牧は国司藤原氏の荘園になり、京に野菜、果物、花、柴を送った。

3、文永元（一二六四）年、下毛野武秋（注1）は相伝した「穴太御園」の一色田の三反を日吉十禅師の宮に寄進する。其の地を「散所雑色領」とする。延暦寺の支配する「穴太散所（注2）」となる。

4、応安元（一三六八）年、南北朝末期、西塔露路の保全が穴太散所法師に命じられる『延暦寺会所集全衆議録』。穴太散所法師、八月神輿の京入りに際し、西坂道悪し登山令を出し修復するよう下知される『続正法論』。穴太人足を支配したのは山門使節の護正院、円明院等。東塔の総寺院の石垣は十五世紀に造られる。

5、応永元（一三九四）年、穴太散所法師、山門の蜂起にあたり西坂道の整備をまかされる。

（注1）「下毛野武秋」藤原家から分かれた近衛家の下で「穴太御園」を領有していた家の当主。御園の管理は日吉大社の寄人（神人）が行っていたという。
（文永元年、下毛野武秋が近江高島南部を日吉供料に寄進する『日吉大社大年表』）

（注2）「散所」古代末・中世に年貢を免除される代わりに権門社寺に属して掃除や土木・交通などに服した地域（『広辞苑』）。散所は本所に対する用語で出先機関のこと。この場合の本所は延暦寺。

また散所について『日本史大辞典』には①荘園領主の居住地である京都・奈良などの周辺にあって清掃・駕輿丁など諸種の雑役を勤仕するもの。散所は年貢輸送の必要上交通の要衛におかれたもので、東は山科・大津・坂本、西は淀・山崎・水無瀬・長洲などにあった。③荘園内部にあって狩猟・漁撈など供御の諸役に従うものとある。（注）と年号以外の（　）内は筆者が加筆した。

これらの記述によると、古代末の穴太は「穴太御園」とよばれており、藤原氏の管理下にあった。大宝元（七〇一）年に全国に頒布された大宝令には「園地《そのところ》条」があって、「宅地の周囲に存在した蔬菜や桑・漆を植える耕地について規定した条項」といわれている（木村一九九六）。「穴太御園」では「京に野菜、果物、花、柴を送った」とあるので、まさに園地であったようである。

「園」とよばれる地域に関して、坂本には「伊勢園《いせそ》」という地区があり、日吉大社に奉仕する人びとが住んだ地域と伝えられており一定の広さを持った地域である。十七世紀に描かれたとされる「上坂本藪地総図」（叡山文庫蔵）には八軒ほどの家が描かれており「いせ園町□□神楽七十六付」という説明がつけられていて、神楽師が住んでいたのであろうか。また伊勢園には延命院、浄泉院、大智院、厳王院、安祥院といった里坊が並ぶ中に宮仕の屋敷が四軒みられる。宮仕は下級の社僧で、日吉社の雑役を担っていた人びとであった。宮仕法師ともいわれていた（大津市歴史博物館二〇一五）。

このように「園」はいくつかの特性をもった地域のようで、そのほか坂本には蓮華園《れんげそ》・南蓮華園・明《あけ》良園《らそ》といわれる地域があり、先に記した高穴穂系の神社は倉園《くらぞの》・郡園《こうしろ》という名である。いずれも現在は住宅地や社地になっているが、社寺に関係する人びととの領域であったとみられる。

このほかに生と死の境界の地であった可能性もある。園には「園地」のほかに「園陵」「霊園」など、墓域に関する語が多い。墓地に植樹をした領域という解釈もみられる（『字通』）。もう一度先の図（図14・85頁）にもどるが、この絵図には塚穴のほかに「しらこ墓原」と記された地域がみられる。それは無動寺谷と坂本道の間に位置し、上坂本、下阪本、穴太の人びとが寄進した供養塔らしきものもみられる。またこの領域には穴太野添古墳群が存在し、古くから墓地として使われてきた土地であったように思う。「塚穴」は「墓原」の上部に位置している。

次に天承二（一一三二）年には北陸道における穴太駅の馬の牧場として「穴太の牧」という文言がでてくる。牧は文字通り牛馬を飼育する所である。天智天皇が近江大津宮に遷都したのは六六七年で、その二年後に「近江国に武を修めさせ、牧を作って馬を放す」とある（『日本書紀』）。白村江の戦いの四年後なので、戦闘に供えて軍事力の増強を図ったとみられる。しかし近江のどこに牧を設置したのかは記述されていない。

次いで平安時代のはじめの頃（八世紀末）に左右馬寮所管による牧が甲斐・武蔵・信濃・上野の四か国に三二牧、近都牧として摂津・近江・丹波・播磨の四か国があり、近江国は甲賀牧が記されている（『日本歴史大辞典八』）。このほか平安時代には摂関家領の牧として河内・大和・遠近江・甲斐・近江の五か国がみられ、近江国の牧は日野牧となっている。天承二（一一三二）年の穴太の牧についての具体的な記述はないが、穴太は古くから藤原家の荘園であったことから、私的な牧が存在していたのかもしれない。

元保二（一一五七）年に藤原家から近衛家がわかれ、「穴太御園」は近衛家の荘園に移行する。そして「朽木文書」（注3）には、鎌倉時代にはその一部が延暦寺の管理下に入ると記されていて、その地は散所として「穴太散所法師」といわれる人びとが住むようになるという。散所法師は延暦寺に属する法師で、山の道路修理・整備・掃除などを担当した。松野氏はこれらの人びとを「穴太衆のはじまり」としている。

（注3）朽木氏は近江地方を支配した佐々木氏の一族で、朽木荘の地頭であった。朽木家には一〇六〇通余りの古文書が保管されていた。もっとも古いものは承久三（一二二一）年で近世初期のものまでのもので、その中に穴太散所法師に関する記述がみられる。

以上のことを概観すると、穴太村の人びとは畑作を中心として農耕を生業としていた。この地域の一部が延暦寺の管理下に入ると、穴太村とは別に特殊な技能を持った人びとが、穴太村西方の土地に居住して穴太辻子村を形成する。そして比叡山の道路整備・安全管理を任されることになり、得意としてきた土木・建築の技術が発揮されていく、という想定が成り立つかもしれない。

この資料に出てくる工事はいずれも道路工事であり、「神輿の京入りに際し、西坂道悪し登山令を出し修復するよう下知される」などとある（「延暦寺会所集全衆議事録」）。比叡山の西坂は京の都に下りていく山道で、その補修を命ぜられたのであるが、普段は穴太辻子村に住み比叡山からの指示が出ると人びとは山に登って仕事をしたのである。危険な場所には石などを積んで補強し、ぬかるみなどが続く道は石を敷いて歩きやすい道に補修していったのではないか。

比叡山における道路整備は重要な問題であった。天皇や法皇・将軍の延暦寺や日吉大社への御幸・参籠、年中行事等の拝賀などがあり、天台僧の山上での暮らしや修業の際にも欠かすことができなかった。とりわけ天皇行幸の際には必ず行幸路の巡検が行われた。また天台座主をはじめ延暦寺高僧の拝賀の儀等で京に下り、また東の麓の日吉大社との交流も緊密に行われていた。

加えて山の道が重要であったことは、延暦寺に納められる年貢米をはじめとして山上で必要とする生活物資輸送の道であったことである。琵琶湖畔を北上する北陸道(旧西近江路)から京の都へ通ずる主要な道は四本あったとされている。そのうち北寄りの二本が穴太付近を通過している。一本は白鳥越、もう一本は旧山中越の道である。白鳥越は唐崎の浜、旧西近江路とつながり、穴太を通って青山、白鳥山(約四五〇m)の北側の峠を越えて修学院のあたりに出る峠道である。

また戦国時代には山中越え道が整備され、この道を使って物資が京都まで運ばれた。山中越えもつづら折りの坂道が続く道で、北白川(銀閣寺の上手)に到達する。この道も散所法師によって何度も修理されてきたという。

延暦寺に運ばれる荘園(後述)の年貢米や生活物資は、北陸若狭の港に着き、陸路で琵琶湖北岸まで運ばれる。琵琶湖を船で渡った物資は下阪本の港で陸揚げされ、馬借や車借(運送業者)によって比叡山まで上げられる。以上のような理由で、坂本―比叡山―京の都、そして坂本―山中越え―京の都への道は常に整備しておかなければならなかったのである。京の都、比叡山、坂本との往来はかなり多かったことが推測できる。

またよく知られた事例として、延暦寺の山法師が山王神輿を奉じて行う強訴があった。先の「神輿の京入り」は強訴のことである。『日吉大社大年表』にその記録が最初に出てくるのは、寛治六(一〇九二)年である。官吏の横暴、土地問題、年貢横領、僧侶や社人に対する凌轢・殺傷事件、乱入事件等に対する裁許のあり方に不審を持った際に行ったようである。

強訴は日吉山王の神輿や神宝を奉じて坂本の日吉社から比叡山の根本中堂に上げ、さらに京の都まで下って朝廷や幕府に対して裁許の撤回を要求する。神輿を路上や河原に置いたまま山へ帰ってきて、人びとを困らせることも度々あったという。そして『日吉大社大年表』に記されている記録では、元亀二（一五七一）年までの約四八〇年の間に、日吉社から京都市中まで動座したのは三七回ほど、叡山の堂宇まで動座した回数はやはり三七回ほどであった。

（2）戦国期の穴太衆

災害時において、大きな被害を受けるのは山や海が近くにひかえている地域であり、大きな川の流域である。それは今日でも変わらない。比叡山山中やその山裾で多くの僧や神人を抱えた寺社においては、境内・建築物・道路等の維持管理にことのほか神経を使ったであろう。とくに災害等で道路が寸断された場合は、物資の搬入や人の交流が途絶えてしまうので、山上で生活する者にとっては死活問題になる。

琵琶湖側と京都側から比叡山にのぼる道は実に三〇本以上にのぼるという。このうち東塔への古道は十三本（琵琶湖側八本、京都側五本）、西塔への古道は七本（琵琶湖側一本、京都側六本、峯道一本）、横川への古道は十二本（琵琶湖側一〇本、京都側二本）となっている。この調査も武覚超氏が自らの足で踏査された貴重な結果である（武一九九三）。時代の確認は難しいが、平安時代から使われていた道が少なくなかったであろう。

比叡山の麓で境内や道路の管理に関しては、穴太散所法師の中に石積みの知識と技術を具えた職人の頭といわれるような人が含まれていて、その頭を中心にした技術者集団が形成されていたのではないかと想定している。堅固な石積みをするにはその技術はもちろんのこと、石材の確保・加工、運搬、石敷・石積み工事等の作業が関わってくるのだが、比叡山中での仕事を通して堅固な石積みの技術を構築していったとみられる。

穴太辻子村に住んだ人びとは、先祖代々培ってきた土木・建築技術を比叡山の仕事の中で体系化し、その技術を代々伝承することで山の維持管理に努めてきたであろう。そうでなければ後の戦国期に入って、山城の建設に力を発揮できるはずがない。

江戸時代中期に書かれたという『明良洪範（二五巻、続篇一五巻）』という全四〇巻の大部な書物がある。この書物は慶長・天正の頃から五代将軍徳川綱吉治世の前葉までの間に起きた歴史的事柄を書き留めたもので、真田増譽という幕臣の著作になっている。徳川氏をはじめ、この時代の代表的武将の言行や事績のこと、合戦の模様、城の建設、海難・火災、養蚕のことまで細かな記載がある。その中で続編5巻には「天守閣のはじまり」と「あのふ築の事」のことが以下のように書かれている。

「天守の初まりは井楼より起こる材木を丈夫に組み上げ墀《ぬりづち》を塗りしが　次第に高く大きに成　後に天守と成り信長公の時安土にて初めて五重の天守出来し　秀吉公の時に又高大に七重となれり　士屋敷へも古へは廻りを築地にせしを後世には昔しの多門の形は寫し長く建續けたれば多門と云ずして長屋と云所あり　其所にて古へより石の五輪を切り出し其外□て石切の上手多く有所也　夫故信長公天守を建ら

れし時同國の事故あのふより石工を多く呼寄仰付られしより諸国にても此を用ひしに次第に石垣のこと上手に成て　後には五輪を止て石地築のみを業としける　以来は諸國にても通名になり石垣築者をあのふと云う習はしける」（ルビと傍線は筆者）

これによると、城に天守閣を初めて築造したのは織田信長であり、天守閣を壁土で塗り固めにしたという。それが五重になり七重になっていった。

次いで安土（蒲生郡安土町）は近江国であるので、同じ近江の「あのふ」から石工を呼び寄せて石垣を積ませたところ頑丈な石垣を構築した。この石工たちは古くは五輪塔など石塔を造っていたが、石垣職人としての「あのふ」の名が広く知られるようになったので、石垣積みを本業とするようになった、というのである。

建物の上部が高くなり大きく重くなっていくにしたがい、より頑丈な土台が必要であり、戦国期であれば鉄砲や弓矢をはじき返すほどの建物が必要であった。重い建物を支え、敵の攻撃から城を守るために、堅固な石垣を築くことが要求されたのである。

『明良洪範』は一種の語り物なので、そのまま事実として受け止めることはできないが、安土城の石垣は今日でも残っており、そ

安土城石垣

の修復工事には十三代粟田万喜三と十四代純司氏が関わったことはすでに述べた。そして万喜三が会得した石積みの手法と相通ずる手法であったという。

しかしながら、五輪塔などの石塔を造る職人が専門の石垣職人になった、というのはどうであろうか。石の成形技術が全く異なるからである。石積みをする石工のほかに、五輪塔や石仏を専門に造っていた石工はいたであろう。今日なお、比叡山山麓や坂本町内ではおびただしい数の石仏が発見され、大切に守られているからである。

安土城は天正四（一五七六）年に築城に着手し、四年の歳月をかけ天正七年に竣工している。比叡山焼き打ちは元亀二（一五七一）年なので、その五年後のことである。先に延暦寺で道路管理など土木部門を担当し、穴太に居住していた「穴太散所法師」が、焼き討ち後にどのような状況に陥ったのか知られていない。しかし延暦寺時代に培った石積みを含む多くの土木事業に関わった人びとが、城つくりに参加したと推測することは可能であろう。

（3）近江地方の古い石積みの痕跡

『日吉大社大年表』には、石垣の構築に関する記述は「比叡山東塔総寺院の石垣は十五世紀に造られる」という記述がある。それ以前に積まれた石垣もあったと考えられるが、現状ではその確証を得ることができていない。しかしながら確かな記録が残っていなくとも、築造に関する伝承や当時の石垣が残っている地域があり、古い時代からの石積みの痕跡をみつけることができる。それを手掛かりにして各地に石を産する山地、石を加工する技術者が各地に存在していたことがみえてくるのではないかと思う。

湖東地方には百済寺（愛東町百済寺町、現東近江市）、金剛輪寺（愛知郡愛荘町）、西明寺（犬上郡甲良町）という鈴鹿山地の西麓に位置し、湖東三山とよばれている寺がある。このうち百済寺は飛鳥時代に建立されたと伝えられ、高句麗と百済の僧が関わったとされている。ここに古い石垣をみることができる。その石垣は野面石を用いた横石積みの石垣と小さな石が積み上げられた石垣である。

寺の説明では天正元（一五七三）年四月七日に信長の焼き討ちに遭い、寺のほとんどが焼失したといわれている。そして広大な境内に存在した石垣はことごとく破壊され、大量の石は安土城築城のために運ばれたという。しかし幸運にも持ち去られずに残された石垣があった。その石垣は小さい石が積まれていたので持っていかなかったのであろうという説明である。したがって偶然残った石垣は戦国期以前のものであり、今日みられる石垣は戦国期以降のものであることがわかる。

また同じ湖東三山の一つで、百済寺から三・五㎞ほど北に位置する金剛輪寺でも立派な石垣をみることができる。この金剛輪寺に属していた石工の集団が中世の山城である観音寺城の石垣普請に関わっているという。観音寺城の石垣普請は弘治二（一五五六）年に行われている。領主であった六角氏は自らの居城である観音寺城の石垣普請を、金剛輪寺に属していた石工に築造工事を命じている。延暦寺だけでなく大きな寺院では、古くから石垣を築くことのできる職人を抱えていたことがわかる。

また湖東三山をはじめとして、各地の寺社等の石垣を手掛けた石工集団に馬淵、岩倉という集団があったことが伝えられている。これらの事例から、古くは古刹の道普請や石垣を手掛けてきた集団が各地にあって、戦国期に入ると山城の構築に携わるようになったことがうかがえる。

安土城は天正四（一五七六）年に築かれたことはすでに述べたが、大手口から広い石段を上っていく

戦国期以前に築かれた百済寺の石垣(東近江市)

金剛輪寺の古い石垣(愛知郡愛荘町)

八幡山上の石垣(近江八幡市)

と、城の全域に石垣が積まれている。また高さ一〇mになろうかという高石垣も積まれている。この時代の石垣としては群を抜いて高い石垣であった。どれほどの量の石を使用したのか見当もつかないが、安土山の近くに石切り場があったことが知られている。安土城の周囲に五㎞ほどの中に長命寺山、長光寺山、伊庭山などの石を切り出した山が存在している。

安土の地に堅固で巨大な城を築くことができたのは、百済寺の石垣を運んだように方々から石を集めたこと、また石仏、石塔、供養塔などを転用しただけではなく、近くに石の産地をいくつもひかえていたことと関係が深いと思う。滋賀県の地質図をみると、近江八幡から安土町、八日市にかけて湖東流紋岩の山が点在している。また興味深いことに湖東三山の東、鈴鹿山地の西麓にも湖東流紋岩の岩山が続いていることがわかる。古い石垣がみられるところと石材を産出する山が近いことが、共通した現象として確認することができるのである。流紋岩は花崗岩と同様、硬い性質の火成岩である。

近江八幡市中之庄に豊臣秀次の時代に築かれたとされる八幡山城がある。長命寺山から二㎞ほど南に位置している。この山に城が築かれたのも八幡山自体が石を産出する山であったからではないか。

秀次は天正十三（一五八五）年に八幡城に入城しているというので、そのころには城は完成していたとみられる。この城は急峻な山中に築かれた山城で、現在は村雲御所瑞龍寺門跡という日蓮宗の寺になっているが、西の丸址の一角に当時の石垣が残っている。この石の積み方も野面石、横積みであり、とくに角に使う石を長い石と短い石を交互に組み合わせた算木積みという工法は、安土城の石組や坂本の里坊の石積み工法に近似している。この例ように築城年代や石の積み方や工法がわかると、石垣をみるときの一つの基準ができることになる。

坂本城の根石。平成６年の琵琶湖の渇水時に姿を現した（山口幸次氏撮影）

近江八幡市と八日市市（現東近江市）境に岩倉山（標高二二七ｍ）がみえる。さほど高い山ではないが、この山も中世の頃から良質の石材を産出したという。この地域の石工は八幡山の八幡山城、そして大坂城と聚楽第の工事にも参加しているようである（『蒲生郡志』）。その際に一部の石をこの周辺の山から切り出し、筏で大阪まで運んだことがわかっているという。

また天正十七（一五八九）年には長福寺と鯰江（現東近江市）の石屋職四〇名余りが、京三条の橋の工料の不払いに対して連判・訴訟を起こしている（『角川日本地名大辞典』、『滋賀県史』）。良質の石材を産出する地域には石屋職が活躍していた。また戦国末期には、石橋を架けるために東近江から京都に仕事に行っていた石工がいたことがわかる。石の採掘・石材の伴出・加工は石を専門に扱う職人が必要であり、石を産出する地域にそれぞれの役割を担った職人が仕事をしていたのであ

雄大な姿の比良山系。花崗岩を産出する山として知られる

る。鯖江も中世の山城があったことで知られている。先の観音寺城の支城であった。

湖西地方に目を移すと、十六世紀後半に築造された石垣に坂本城の石垣がある。坂本城は元亀四(一五七三)年に、琵琶湖のほとりに築造されたことが歴史上の事実になっている。どこの石工が積んだのかという文書は残っていないが、穴太衆が積んだ石垣であることが明らかになった。その理由は、平成六(一九九四)年に琵琶湖が渇水して坂本城の根石(基礎になる石)が現れたのである。根石が残っていたことで、その石の使い方や積み方を分析して、穴太衆の仕事であると判断したようである。たとえ文書に記されていなくとも、判断の基準ができると現物をみてある程度までは到達できることがある。

比叡山の山並みの北方には比良山地が続いている。比良山地の西麓に位置する志賀町木戸(現大津市)も、木戸石とよばれる石材の産地として知られていた。比良山系は花崗岩を含む山であって、ここから算出する石を総称して比良石とよんでいる。木戸石は木戸地区で産出した比良石のことである。今回粟田氏が築造した民家の石垣は比良石を使っている。

比良山の麓の村である木戸から北小松にかけての村々では石材の切り出しを仕事にしていた石屋衆がいた。木戸から北小松までは距離にして一五㎞ほどになる。この間に八〇軒ほどが石材業を営んでいたという。石を切り出す場所を帳場といい、帳場は村の共有であった場合と、個人が所有している場合があった。共有の帳場に関してはかなり厳しい取り決めが交わされていたという。石積みの石工、石橋を架ける石工、石切場で石を切り出す石工など、同じ石を扱う職人であっても分野に分かれていたことを知ることができる。

比叡山と同様比良山も山岳仏教の聖地であって、比叡山の三〇〇〇坊、比良山の七〇〇坊といわれた時代があった。次頁の図17は弘安三(一二八〇)年に荘園の境の紛争が起こった時に作成されたもので、比良山の麓には歓喜寺などいくつもの寺社が描かれている。戦乱が続く時代になると有力な寺や在地の領主が、領地を守るために山城を築くようになる。先の百済寺や比良山麓の歓喜寺城のように寺が城を兼ねる例もあった(大津市歴史博物館二〇〇〇)。

比良山の石材の切り出しがいつごろから始まったのか不明であるが、慶長十七(一六一二)年に石の切り出しが行われた記録がある。戦国時代に比良山の麓に築造された山城は四か所ほど確認できるが、いずれも土塁であって石垣は築いていないようである。

この絵図には葛川、三尾川、安曇川など数本の川が琵琶湖に流れ込んでおり、石の運搬は川と湖が利

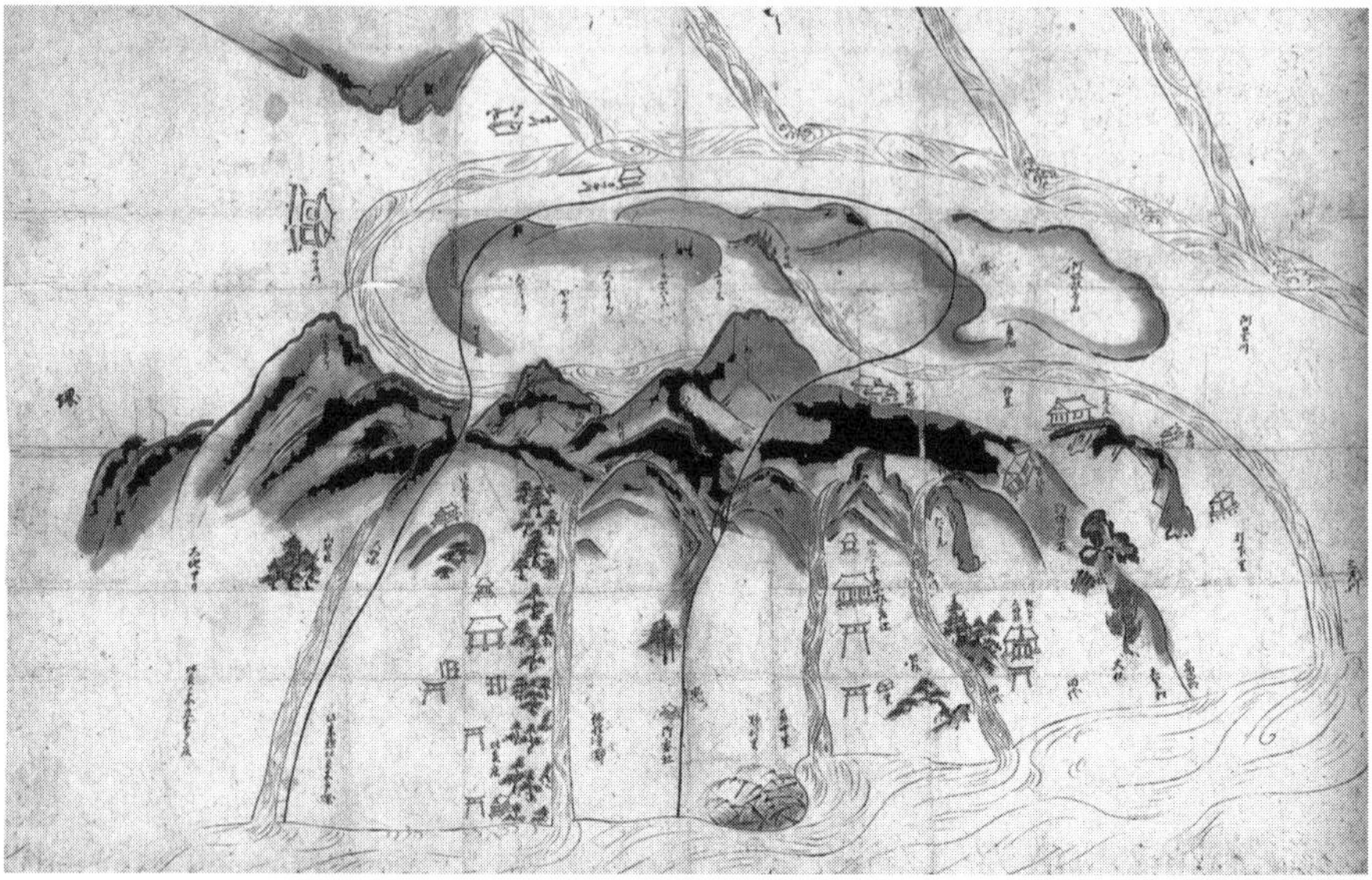

図17　比良荘絵図（出典『古絵図が語る大津の歴史2000』北比良区蔵）

用されたことがうかがえる。

木戸石は石垣のほかに石碑や石灯籠、車石にも使用されている。車石は馬車や牛車が通るときに、その轍《わだち》に沿って走ることができるよう窪みをつけた石で、いわば舗装道路であった。大津と京都の間の東海道に敷かれていた。この車石の工事は文化年間（一八〇四〜一八一六）に行われ、工事に携わったのは京都山科郷の村々であったという。木戸石は木戸から湖上を船で大津に運ばれ、東海道を京都まで運ばれていたのである（『志賀町史第2巻』）。

（4）戦国末期から近世へ

現場での観察に加えて、それを裏付けられるような文字資料の発掘が求められるのであるが、ここでもう一度松野孝一氏が作成された年表を参考にさせていただく。近世の穴太衆の動きをみていると、各地の築城に参加していた様子がよくわかり、古くから石積みの技術を具えた土木業者であったことが明瞭になってくる（なお西暦を除くカッコ内の文責は筆者。また年表の内容は原文のままであるが、表現を統一するために部分的に表現を変えた所がある）。

6、元亀四（一五七三）年、坂本城完成（城主は明智光秀。平成六〈一九九四〉年九月、琵琶湖の水位がマイナス一二三㎝まで下がったことにより、坂本城の石垣が現れる。石垣の根石の部分が残っており穴太衆積みと同様の石の置き方がみられた）

7、天正四（一五七六）年、「穴太衆」信長の安土城の石垣普請が始まる。鉄砲時代に備えた石垣を用いた城。穴太衆積みは自然石で横に寝かせるように積み、安定した積み方が認められる。穴太衆の名が天下に知られる。以後、諸国の大名に招かれる。

8、天正五（一五七七）年、穴太衆、山科醍醐寺の石普請をする。『兼見卿記』

9、天正十一（一五八三）年八月、高畑村一二五石を穴太ひかえ地とし、穴太衆を一か所に集める。十二名の穴太頭を旧高畑村に集めて一二五石を与え、全国の築城工事に従事させる。「江州志賀郡内台所々目録事」『志賀町史』。高畑村は当初、「穴太衆ひかえ村」とよばれた。穴太頭は各地からの築城の要請にしたがい、二、三人の弟子を連れて現地に出向き築城工事に従事するようになる。石垣積みには多くの人夫が必要であり現地で募集した。

10、天正十三（一五八五）年八月十八日、大坂城ほぼ完成。

11、天正十四（一五八六）年二月、京都聚楽第の築城が始まる。

同年九月　大津城築城始まる。坂本城を棄城。石、材木を移す（延暦寺の脅威がなくなり、坂本城の役目が終わる。行政の中心を大津に移した)。

12、天正十八(一五九〇)年、秀吉、後北条氏の小田原攻めのため、小早川・毛利両家に三五人の穴太衆の派遣を求めた。一夜城を構築する。『小早川文書』

13、天正十九(一五九一)年、甲府城の築城始まる。

14、文禄年中(一五九二〜九六)、加賀前田家に穴太衆一三名の名がみえる。内一二名は近江穴太村出身といわれる。

15、文禄元(一五九二)年、穴太出雲が伏見城の普請(の準備?)にかかる。蒲生氏郷の会津若松城の築城(の準備?)が始まる。

16、文禄二(一五九三)年、『公儀普請方』に穴太駿河の名がみえる。『万覚帳』に初代戸波丹後の名がみえる。『駒井日記』に穴太出雲の名がみえる。「伏見石垣、去年以来の作料の儀、申し上げ候」

17、文禄三(一五九四)年三月、伏見城普請始まる。穴太駿河、穴太三河もこの普請に加わる『駒井日記』。その他、細川忠興の穴太衆原田蔵兵衛、山内一豊の穴太衆北川豊後等、伏見城普請に各大名が抱える穴太衆の名がみえる。

大和庄(現大津市坂本)の穴太衆大久保氏、伏見城築城に参加。石を山科より運ぶ。同氏が伏見の石捨て場で室町中期に造られたという破壊された巨大な塔を発見。「桓武天皇御塔」といわれ、明治期に慈眼堂に移される(写真173頁)。

松本城天守閣築城。豊後竹田の岡城築城。会津若松城の普請が始まる。

園城寺(三井寺)再建。

―中略―

18、慶長五（一六〇〇）年、宇喜多家、岡山城築城のため穴太伊賀を五百石で招請する。
19、慶長六（一六〇一）年、高知城普請。穴太出の北川豊後が指揮・監督する。北川豊後は土佐藩より一五〇石を受ける。細川藩、戸波儀兵衛を江戸城普請にあてる。
20、慶長九（一六〇四）年、戸波出雲の分家として堀金出雲の名があらわれる。『万覚帳』
21、慶長十（一六〇五）年、池田藩姫路城築城に着手。堀金覚太夫二百石で召し抱えられる。

―以下略―

（松野孝一『穴太頭と高畑村』二〇一五）

この年表をみていくと、戦国末期から近世初期にかけて空前の築城合戦が行われていたことがわかる。天正十一（一五八三）年には十二名の穴太頭を旧穴太衆ひかえ村に集めて一二五石を与えたという。天正十年六月に「本能寺の変」がおきているので、豊臣の時代に入っていた。穴太頭は各地からの築城の要請にしたがい、二、三人の弟子を連れて現地に出向き築城工事に従事するようになったのである。石垣積みには石の採掘は別としても、石の運搬や穴太衆の補助をするために多くの人夫を必要としたが、その多くは現地で募集したという。その多くは農民であった。したがって築城工事が行われるのは稲刈りが終わってから、田植えが始まるまでの間に行われたようである。穴太衆を補助する多くの人びとが確保できないと、築城はむずかしかったことがわかる。

江戸自時代に入って世の中が安定の方向に向かい、武士階級が戦闘要員から行政能力を要求される時代に入っていく。城は合戦の拠点になるのではなく、統治の拠点として、また権力の象徴として機能するようになる。依然として城は堅牢であることはもちろんであるが、加えて壮麗・華麗であることが求められた時代であり、石積みのあり方も美しさが求められたであろう。それは全国的にみても美しい城壁が多いことでわかる。

表1　穴太衆が関わったとされる石垣　（注4）（注5）

都府県名	城・廟名	着工年代（注4）	竣工・再建年代	備考
福島県	会津若松城	文禄元（1592）頃		
栃木県	日光東照宮	寛永13（1636）		建て替え
東京都	江戸城	慶長8（1603）		大増築
静岡県	駿府城	慶長13（1608）		
愛知県	名古屋城	慶長15（1610）		
山梨県	甲府城	天正19（1591）		
長野県	松本城	文禄3（1594）		
京都府	伏見城	文禄3（1594）	慶長元（1596）	再建
	福知山城	天正7（1579）		入部年
	田辺城	慶長5（1600）		入部年
	二条古城	永禄12（1569）頃	天正元（1573）	廃城年
	二条城	慶長7（1602）	慶長9（1604）	
滋賀県	坂本城	元亀2（1571）	元亀4（1573）	
	安土城	天正4（1576）	天正7（1579）	
	大津城	天正14（1584）		
	観音寺城	応仁2（1468）	永禄11（1568）	廃城年
	宇佐山城	元亀元（1570）		
	彦根城	慶長8（1603）	元和元（1615）	
大阪府	大坂城		天正13（1585）	
奈良県	大和郡山城	天正9（1581）		
兵庫県	姫路城	慶長6（1601）	慶長14（1609）	
	竹田城	長享3（1489）		
	置塩城	文明元（1469）	天正9（1581）	廃城年
	黒井城	建武2（1335）	天正7（1579）	落城年
	岩尾城	永正13（1516）	天正7（1579）	修復年
	出石城	天正2（1574）		山城
	同	慶長9（1604）		平城
	辰野城	明応8（1499）頃		山城
	同	元和3（1617）頃		平山城
	篠山城	慶長14（1609）	同年10月	
和歌山県	和歌山城	天正13（1585）	寛永6（1629）	
三重県	伊賀上野城	天正13（1585）	天正16（1588）	大改修
福井県	福井城	慶長6（1601）	慶長11（1606）	
徳島県	徳島城	天正13（1585）	天正14（1586）	
高知県	高知城	慶長6（1601）	慶長16（1611）	
香川県	高松城・	天正16（1588）	天正18（1590）	
	丸亀城	慶長2（1597）	慶長7（1602）	
岡山県	岡山城	天正元（1573）	元和元（1615）	大改修
広島県	広島城	天正17（1589）	慶長4（1599）	
福岡県	福岡城	慶長6（1601）	慶長12（1607）	
佐賀県	名護屋城	天正19（1591）	文禄元（1608）	
大分県	岡城	文禄3（1594）		

近世前期までに穴太衆が関わったとされる城郭について、文書および口伝によるものは四〇例ほどが確認されている。各藩にかかえられて仕事に携わった穴太衆も少なくない。その事例をあげていくと、加賀藩・戸波清兵衛、土佐藩・北川豊後、熊本藩・戸波儀兵衛、池田藩・堀金覚太夫、岡山藩・堀金覚太夫・堀金又右衛門、福岡藩・戸波六兵衛・戸波次郎左衛門、福井藩・堀金出雲の一族などであった。また穴太衆が関わったとされる城は表1の城が知られている。

なお右の表1を作成するために左記の資料を参考にした。

岡本永治「穴太頭の成立とその後」2010
松野孝一『穴太頭と高畑村』2015
『角川日本地名辞典』(角川書店)・『日本歴史地名体系』(平凡社)

(注4)着工年代が不明なものは入部年代として示した。竣工・再建年代については廃城・落城した年代を加えている。建築部材の再利用がされているからで、たとえば坂本城は大津城の部材として、また置塩城は姫路城の部材の一部として再利用されている。

(注5)ここに掲げた城の石積みは各地の石工が関わったもので、穴太衆はその石工集団のリーダーとして、またその一集団として築城に関わったと想定している。

徳島城石垣

高松城石垣

彦根城石垣

和歌山城石垣

高知城石垣

大坂城石垣

第3章　近江坂本の町の形成

1　上坂本と浜阪本の繁栄

(1) 石垣に囲まれた町

本書の冒頭で「比叡山延暦寺と日吉大社の門前町である坂本の町を歩いているといたるところで見事な石積みに出会う」と記した。坂本の町を散策する機会が多くなり、また石垣をみるために他の地方に出かけることが多くなるにつれて、坂本の町は特異な成り立ちをしてきた町ではなかったのか、という思いが強くなった。その思いは、野面積み・横石積みという石組が堅固な構造であることがわかるにつれ、その堅固な構造が美しい景観を生み出していると考えるようになったのである。

とくに石垣が美しい地域は、里坊とよばれる僧坊が多くを占める地域であって、整然とした石垣と清らかな水が流れる水路がともなっている。そして水路に施された石組が、流れる水をさらに清らかにしているようにみえる。里坊は比叡山の三塔十六谷に存在する山坊に対しての名称である。里坊の存在は中世の段階から見出すことができるが、近世初期に正式に制度として定められたという。近世においては、山の坊で修行を終え高齢を迎えた僧侶が隠居所として営んだ里の坊であった。

石垣に囲まれた里坊の町（横小路北の道）

このような石垣で囲まれた町並みは、近世に整備されたとされているが、坂本以外のほかの地方にこのような町があるだろうか、どのような理由で、またどのような経過を経て石垣に囲まれた町ができあがっていったのだろうか。解き明かしてみたい問題であった。

それは天台密教の聖地としての比叡山と、日吉山王信仰の総本宮である日吉社をひかえ、豊かな神仏の文化が重層化していた地域が坂本であり、後に述べるように経済的にも豊かな町が当時の坂本であったことと関係が深かったのではないか。さらには石垣がもつもう一つの役割としての防御という問題を考えると、近世以前の段階でその萌芽があったと考えてもおかしくはないであろう。

元亀の兵乱の際には、比叡山よりも先に坂本が焼き討ちの対象になったという。しかも多くの人びとが殺傷され、町全体が焦土化したと伝えられている。宗教的にも経済・流通の面においても比叡山の重要な部分を壊滅させ、比叡山の機能をマヒさせることが坂本焼き討ちの目的であったのではないか。

坂本の町が焼き討ちにあったのはこれが初めてではなかった。永享五(一四三三)年に山門騒乱という大事件が起こり、延暦寺と室町幕府が対立した。この際にまっさきに幕府軍の攻撃を受けており、町は一面焼け野原となり立ち直ることが難しいほどの大打撃を受けたという(「中世の坂本」『坂本町なみ報告書』『看聞御記』)。

天台教団は十世紀末の頃より公家・貴族の出身者を座主として迎えることが多くなっていった。また山門自体が大きな組織を維持し、自衛のための強力な兵力を保持していたことで、政争に巻き込まれることが少なくなかった。むしろ山門自体が兵力を背景にして、天台教団の維持・拡張を目的に、政治に介入していくことも積極的に行ってきた観がある。ここでは具体的事例は控えるが、日吉の御神を抱いた神輿を京の町に繰り出して行った強訴や、叡山の衆徒によって統制されていた「馬借の一揆」といわれているものがその例であった。

兵力の大きさと強さという力関係が、世の中を動かしていく一つの原動力になっていた時代に、寺社の境内や町自体に防御施設を構築することで、自らの財産や町を守るという考え方があっても不思議なことではない。大阪の堺をはじめとして、中世に繁栄した町の多くは自力で町を守る自治的なシステムを持っていたことが知られている。

(2) 坂本の町の繁栄

坂本は上坂本、下坂本を含めて経済活動が活発に行われていた町であった。そのことは少なくとも十五世紀までさかのぼることができるであろう。

中世の繁栄を物語る資料はいくつか見出すことができる。

「およそ京の町人、浜の商人、鎌倉の誂へ物、宰府の交易、室・兵庫の船頭、淀・河尻の刀禰、大津・坂本の馬借、鳥羽・白河の車借、泊々の借上げ、湊々の替銭、浦浦の問丸、割符を以てこれを進上し、僦載に任せてこれを運送す」（傍線は筆者）

（注6）
1、鎌倉の誂へ物《あつらえもの》：幕府への特注品
2、宰府《さいふ》の交易：大宰府での外国貿易
3、室・兵庫の船頭：室津・兵庫の海運業者
4、淀・河尻の刀禰《とね》：淀（伏見）と河尻（尼崎）の交通業者
5、大津・坂本の馬借《ばしゃく》：馬の背で荷物を運ぶ運送業者
6、鳥羽・白河の車借：牛車で荷物を運ぶ運送業者、または牛飼い
7、泊々の借上《しゃくあげ》：船着場の高利貸し業者
8、湊々の替銭《かえぜに》：為替を組み手形で送金する業者
9、浦浦の問丸：物資の保管・運送・中継業者、船商人に宿泊を提供
10、僦載《しゅくさい》に任せて：車を雇って物を載せること

〈笹山晴生他編『日本史史料集』〉

この文章は室町時代前期（十四世紀末ころ）に書かれ、当時子弟教育用に編さんされたという『庭訓往来』の一部である。往来物は歴史的話題や時事的話題を踏まえた物語で、多くの語彙を収集し羅列する形をとっている。歴史資料として必ずしも適切ではないかも知れないが、この中に大津と坂本の馬借が

登場するので参考にした。(注)で述べているように、馬借は馬の背に荷物をのせて運ぶ運送業者、車借は牛車や馬車で荷物を運ぶ運送業者、割符《さいふ》は当時の「金銭預り証書」のことで、現金に代わるものとしてこの証書の信用によって荷物の運搬を依頼したという内容である。

大津や坂本は琵琶湖に面し、延暦寺や京都に運ぶ物資の集散地であり、京の町人(京都)、浜の商人(伏見、尼崎、兵庫、室津)など大きな港をひかえていた地域と同じように商活動が活発に行われ、繁栄していたことがうかがえる。

奈良、京都、鎌倉は、いずれも政治・経済の中心として存在した時代があった。日本における代表的な都市であり、宇治山田(伊勢神宮の門前町)、長野(善光寺の門前町)は、門前町として長い歴史をもつ「町(都市)」であった。このような町と肩を並べるようにして、大津と坂本が登場しているのである。

この時代の坂本の人口に関しては、先の『坂本町なみ報告書』では次のように記している。

「鎌倉時代の初めの建暦元年(一二一一)十一月に日吉八王子が焼けた時、その類焼で坂本の家二千軒余りが灰燼に化しており(『華頂要略』)、また時代はかなり下るが、文亀元年(一五〇一)四月の火災では数千軒の人家が焼けている(『後法興院記』)。また『多門院日記』の著者多門院英俊は、下阪本の人家数を目勘定で「千五百家も在之」と数えている。これらの諸記録の記事をもとに類推すれば、中世の坂本は戸数で二千~三千軒、人口で一万を超えていたと推測できる。これは当時の畿内では「京都・奈良に次ぐ戸数・人口であり―後略―」とも記されている。

建暦元年(一二一一)年の大火については『新大津市史』では「日吉社辺・王子宮以下火あり。坂本の在家二千余宇が灰燼となるほどの大火であった」とあり、『日吉大社大年表』では「土堂民家より火を発し千余家を焼き、余炎が王子宮に及び、社殿ならびに彼岸所等類焼する(『明月記』・『愚管抄』)」となっている。

『多門院日記』では下阪本の家数を「千五百家」と記しているので、当時上坂本と下阪本に分かれていたことがわかる。また仮に両町の家数を二五〇〇軒程度とした場合、下阪本の方が家数が多かったのではないかと推定できる。

また正和四(一三一五)年の記録では、日吉社の神輿の造り替えに際して洛中洛外の土倉にその費用が割り当てられ、日吉神人に沙汰されたものが二一万疋にのぼり、その神人の数は二八〇人にのぼったという(『新大津市史』)。疋は銭を数える単位で、古くは一疋一〇文であったものが後に二五文を一疋にしたという。時代は明らかではない。また一疋がどのくらいの価値があったのかはわからないが、疋は布を数える単位でもあり布二反を一疋といった。この時代は延暦寺の僧が度々神輿を京の都に担いで下り強訴事件を起こしたので、神輿がよく壊れたようである。

土倉は高利貸し業者のことで蔵を持たないものを借上《しゃくあげ》、質ものを保管するための蔵を持った業者を土倉といった。土倉業は坂本にも三九人あって、京都と合わせると三一九人になり、これらの人びとは日吉神人であったといわれている。また「永正六(一五〇九)年六月 京都の酒商人ら、近江坂本酒・奈良酒の洛中売買を禁じ、河内・摂津の酒を諸大名以外は売買禁止とすることを幕府に請う」とあり、坂本に酒造家がいて、京都で販売していたことがわかる(『日本歴史大辞典』)。日吉社は富裕な神人を数多く抱え、いかに豊かな経済力を保持していたかがわかる資料である。

坂本の繁栄は、延暦寺と日吉社との関係の中でもたらされたものであった。当時延暦寺は合計一〇八か所の荘園を所持し、その範囲は、東は下総国から西は筑後国にまで及んでいる。もっとも荘園の多い国は近江国で合計四六か所にのぼり、次いで山城国一〇か所、そして北陸と日本海側に二七か所あった。北陸からの年貢米と諸物資は船で運ばれたが、越前の敦賀・小浜で陸揚げされて陸路を経て琵琶湖北岸の塩津・大浦・海津・今津で船に積まれ、坂本、もしくは大津で陸揚げされ、比叡山や京都に運ばれた。近江国の年貢米なども琵琶湖を船で渡ってくるものが多かったのではないかと思う。

上記荘園資料の出典は『山家要略（大日本仏教全書）』『門葉記（大正新修大蔵経）』『天台座主記』『荘園志料』『栗太講雑録』『華頂要略（大日本仏教全書）』（景山一九七五）。

この時代、延暦寺とともに日吉社が独自に荘園を所有していた。その数は二〇か国、九〇か所に及んでいる。所在地をみていくと、近江国五五か所、山城国六か所、丹波国・越前国各三か所、大和国・摂津国・若狭国・加賀国・播磨国各二か所、河内国・尾張国・信濃国・佐渡国・但馬国・伯耆国・美作国・備中国・安芸国・紀伊国・讃岐国・伊予国各一か所で、合計九〇か所となっている（元應十〈一三二八〉年十月現在）（西岡一九五六）。

近江国と畿内が圧倒的に多く六五か所（七割以上）を占めている。そのほか日本海側には一五か所の荘園を数える。このうち三四か所には神田と記されており、その面積は広い所で二五町歩、狭い所で三反歩となっている。神田を含めて日吉社の重要な経済基盤であった。

以上みてきたように、延暦寺も日吉社も近江国（滋賀県内）と畿内、そして北陸（日本海側）との関係が深かったことがわかる。どれほどの量の物資が流通していたのか明らかにできていないが、坂本や大津で陸揚げされた物資は馬借や車借によって延暦寺や京都に運ばれたのである。下阪本の琵琶湖沿いには馬借が住んだといわれる町並みが残っている。その中心地の一つ富ヶ崎には、二四社を数える日吉境外社である磯成神社が祀られている。この神社は日吉社家の祖霊を祀る神社であったが、社家が上坂本に移った後、地域の氏神として崇敬を集めているという。下阪本も日吉社との関係が深く、日吉社家の居住地があったのである。

磯成神社前の通り

日吉神社(石川県輪島市白米地区)

日吉神社(新潟県佐渡市新穂町)

樹下神社の春の礼祭には日吉社系の神社の神輿が集合する（大津市木戸）

延暦寺や日吉社の荘園には、荘園を守る鎮守神として日吉の神さま（日吉神社・日枝神社）が祀られ、坂本の日吉社から分祀されている。祭神は東本宮の祭神である大山咋神を分祀しているが多くみられる。なお時代は新しくなるが、昭和十七（一九四二）年の調べでは沖縄県を除く四六都道府県に三七九九社の分霊社が存在していた。とくに多い県は滋賀県で三八三（三九三）社、そのうち北陸三県である福井県、石川県、富山県

樹下神社春の礼祭（大津市木戸）

の合計が四九〇（四九〇）社となっている（山口二〇一〇）。そのほか千葉県三一四（一八〇）社とあり多くを占めている。江戸に分祀された赤坂日枝神社との関係が深いことが考えられる。（ ）内の数値は『日吉神社関係諸社明細表昭和五年（一九三〇）』沖縄県を除く。

（3）坂本の町に住んだ人びと

石垣で町や屋敷地を囲むことは、大小の災害や戦闘などの危険から家や町を守る、いわば防御のための一つの手段であった。自己防衛を主眼に置いた場合、坂本では日吉社群をはじめとして、里坊・彼岸所など延暦寺関係の諸施設、土倉・酒屋・問丸とよばれる商人たち、そして公人の屋敷がその対象になるであろう。今日の坂本の町は上記の地域、とくに里坊が存在する地域に石垣が連続的に構築されている。

一般には、里坊が坂本にできるのは近世に入ってからとされている。ところが中世の段階においても里坊とみられる坊を確認することができる。たとえば十一世紀の後半から十二世紀初めにかけて、比叡山の中に門跡寺院が成立していく。その代表的なものが梶井門跡、青蓮院門跡、妙法院門跡であった。その後延暦寺座主のほとんどは、この三門跡寺院から選ばれることが慣例になっていく（『新大津市史』）。

梶井門跡はもと第三世座主慈覚大師（円仁）の住坊があった梨下（梨本）の地に建てられたもので、梨本門跡といわれていた。梨下は根本中堂付近の地名であるという。この梨本門跡の里坊は上坂本の明良の東にあったが、後に大原の船岡の地に移されたという。日吉社から琵琶湖に向かって伸びる日吉馬場は内神門、中神門、大神門という領域に分けられている（後述）。梨本門跡の里坊は大神門付近にあったようでこの地域は梶井とよばれている。梶井門跡の里坊は西南院、円徳院といった。

青蓮院門跡は『愚管抄』をはじめ多くの著作を残し、『新古今和歌集』で知られる慈円が入った寺院であった。慈円は晩年にやはり東坂本の大和荘に小島坊を営み、多くの弟子を育てたという（『日本古代中世人名辞典』）。このように中世における里坊は、厳しい修業に耐え、すぐれた業績を残し、多くの弟子を育てた高僧が営んでいたようである。

梨本門跡の里坊が所在したとされる大神門神社付近

青蓮院門跡の里坊が所在したとされる大和庄観音堂付近

元亀二（一五七一）年の兵乱について、「山王七社から大鳥居までことごとく焼亡し、延暦寺山上山下の堂坊舎ことごとく皆灰燼に帰す」という記録がある（『日吉大社大年表』）。これには山上山下に堂坊舎が存在していたという表現がなされている。山下の堂坊舎とは東は坂本、西は京都八瀬のものであり、それらがことごとく焼かれたということになる。また「山門三院谷々堂舎・仏閣、一宇不残放火之事、坂本町々人家・寺庵同前」とあり、元亀年間以前に坂

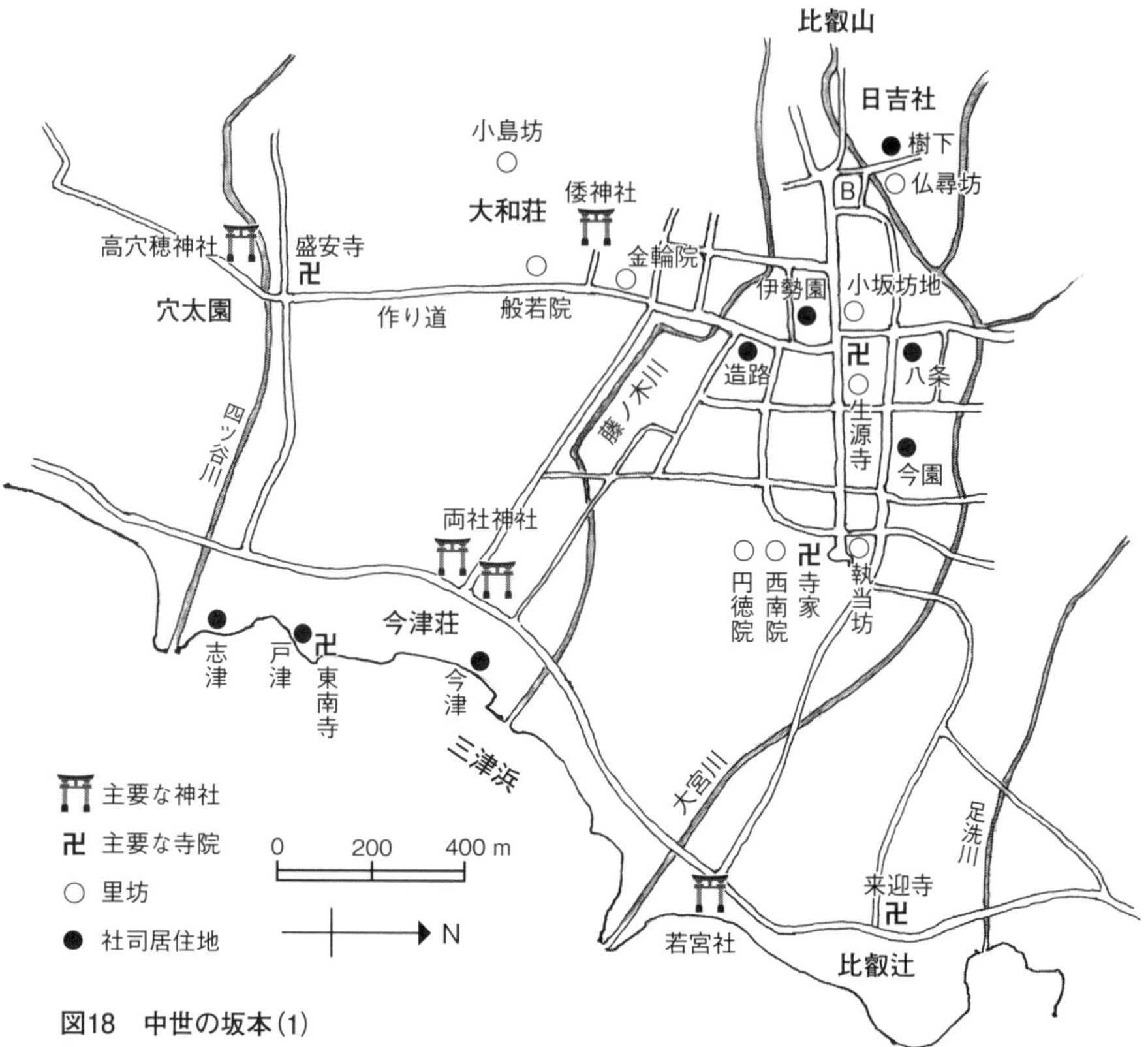

図18　中世の坂本(1)
〈原図：辻博之「中世における坂本の発展と都市景観」『ヒストリア88号』〉

本には人家はもちろん、寺庵が存在していたことがみえている（高島一九八五）。

ここに辻博之氏が作成した坂本の略図がある。時代は鎌倉時代までさかのぼることができるようである。図には、大和荘には小島坊のほかに般若院がみえ、坂本地内には仏尋坊・小坂坊地・金輪院・西南院・円徳院・執当坊、そして寺家として生源寺が記されている。隣接する大和荘と合わせて八か所ほどの坊がみえる（辻一九八〇）。辻氏は実際には数百の里房が軒を接するように林立していたのではないか、と述べておられる。

またこの図には載っていないが、坂本地内には弘法寺（慈恵大師の晩年の里坊)、慈覚大師里坊、慈鎮和尚里坊(後にこの地に滋賀院が移築されることになる)があったことが記されている。また先に記した梶井門跡の西南院と円徳院は十二世紀初頭に創建されているという(武一九九三)。

辻氏の図18の中には寺家として生源寺が記されている。寺家は比叡山における職名の一つで、寺家の最高位の職を執当という場合と、寺家は執当と同意であるという見解がある。山門における堂塔の維持管理、財政や警察権・刑事裁判権も有しており、したがって生源寺は坂本における役所と裁判所を兼ねていたことになる。いずれにしても天台教団を支えてきた重要な機関が坂本に存在し、高僧たちが集住していた地域であったことは間違いないようである。

このように坂本には有力な里坊や寺家が存在し、その下で実務を担当する山徒とよばれた人びと居住していた。山徒は近世には公人(後述)とよばれている。それぞれが比叡山延暦寺を運営していく上で重要な役割を担っていたのである。このほかに一〇〇〇戸とも二〇〇〇戸ともみられる戸数を抱えていた町であった。

元亀の兵乱以前の坂本は経済的に繁栄していた時代であり、経済力と兵力の大きさや強さという力関係が、世の中を動かす原動力になっていた時代であった。寺社の境内や里坊、そして町自体に防御施設を構築することで、町の秩序や自らの財産を守るという考え方があっても不思議なことではない。具体的事例は散見できる古い石垣の跡を確認して歩く以外にはないが、町自体が防御の体制を構築していて、それぞれの里坊や町を囲む石垣がその役割の一端を担っていたのではないかと考えている。

2　坂本の町の変容

(1) 下阪本の町の変容

中世の段階では両坂本は大いに栄えていたことが断片的ではあるが、いくつかの資料で散見することができた。上坂本は比叡山の東麓に位置するため、京都側の西坂本に対して東坂本ともよばれ、農村をともなった門前町としての姿を整えていた。比叡山の裾野は湖に近づくほど徐々に緩やかになる。そのため湖に近い下阪本は港町としてまた農村として成立した。中世においては港町としての性格が強く、江戸時代に入ると農業を中心として商業、種々の職人、廻船等を生業とする者が多くを占めるようになったとみられる。

下阪本は琵琶湖に近い地域に立地しているので浜阪本ともいわれている。琵琶湖の沿岸には南から北に向かって北陸道が走り、南は比叡山麓を源流とする四ツ谷川河口、北は大宮川河口までの二㎞あまりの間に浜に沿って町が形成されている。北陸道に沿ったその北側には、やはり農業や商業、廻船で暮らしを立てていた比叡辻という町が続いている。下阪本は三津浜とよばれる戸津・今津・志津という三つの港をかかえ、北陸方面や湖東から琵琶湖を渡ってくる物資の集散地であった。比叡辻には大きな船がつけられる港をもっており、いずれの港も延暦寺と日吉社、京都と強くむすびつくことで成りたっていた。

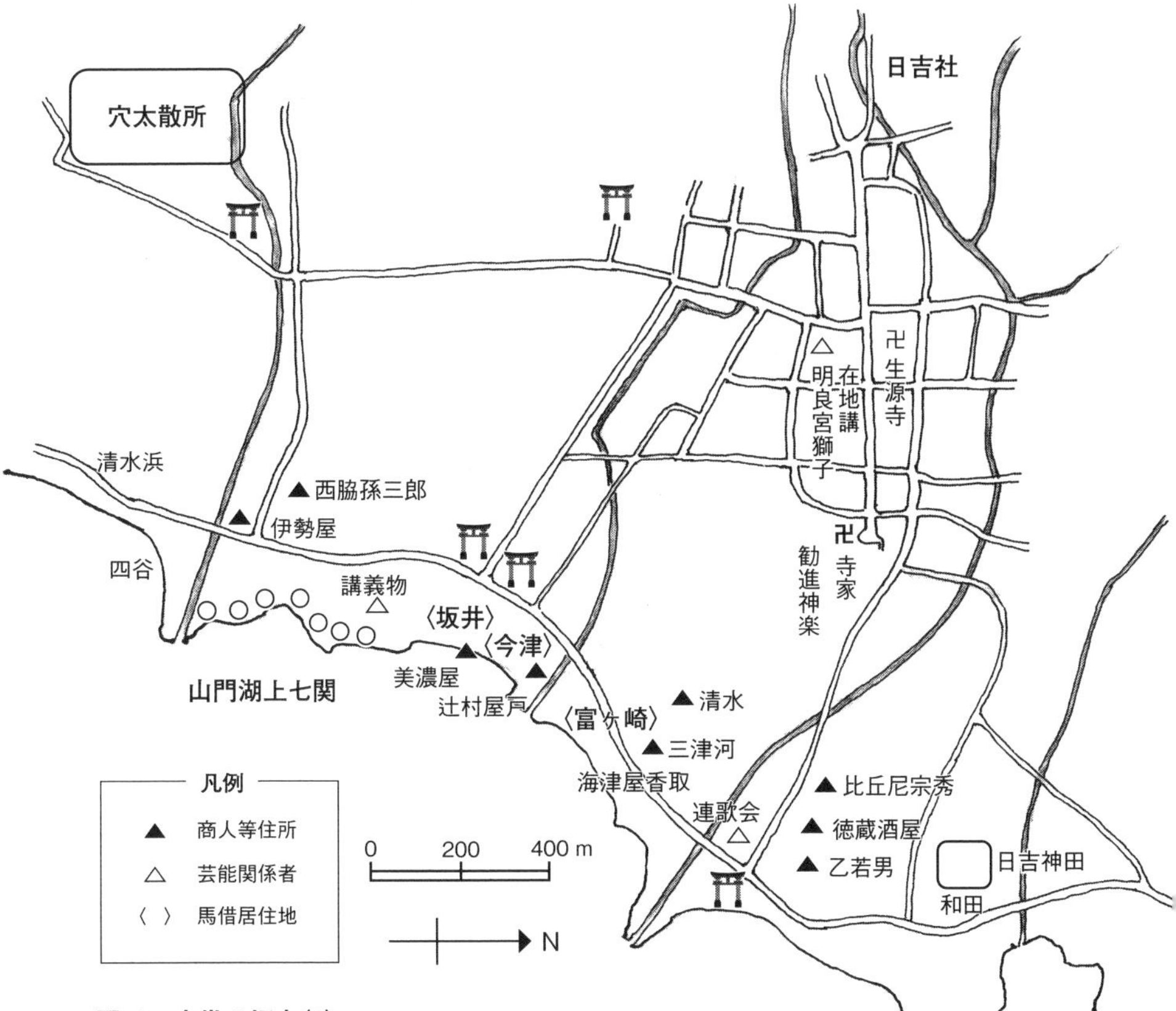

図19　中世の坂本(2)

〈原図：辻博之「中世における坂本の発展と都市景観」『ヒストリア88号』〉

先の辻氏が作成された図19には下阪本の中心部とみられる中に市場と書かれ、図示はしていないが、街道沿いに一・五㎞ほどが市場の領域になっている。北国街道をはさんで町全体が市場であったような描き方であるが、その範囲が馬借の住んだ領域であったらしい。先に記した富ケ崎はその北部にあたる。馬借の多くは農業を生業としており、主に農閑期に馬の背に荷物を載せて物資輸送に携わった人びとであった。副業として農耕馬を賢く活用していたのである。輸送を副業とする者のほかに商人としても財を成していった例もあったという。

またこの図には街道に沿って「商人等住所」と記されていて、伊勢屋・西孫三郎・美濃屋・辻村屋戸・清水・海津屋香取、大宮川をはさんで比叡辻側には比丘尼宗秀・徳三酒屋・乙若男といった商人とみられる屋敷の所在地が記されている。その中には伊勢・美濃・海津など、他の地方の屋号もみえる。また比丘尼宗秀という名もみえ、仏教界との関係の深い人もいたらしい。この商人等に加えて上下坂本には土倉三九か所（本倉三〇か所、新倉九か所）あったのである（『日吉社室町殿御社参記』『日吉大社大年表』）。

富ガ崎の通り。家の背後にはすぐ湖が迫っている

湖につながっている民家の裏側

市場と書かれた町並みは今日なお古い面影を残していて、南北を走る北陸道をはさんでほぼ均等に地割がなされており、街道の両側に家が建てられている。湖水側（東側）の民家の前面は街道に面し、屋敷の背面には琵琶湖の水が岸を洗っている。その岸辺に桟橋をつくって船をつけ、また丈夫な板を渡して船からの荷物の上げ下ろしができるという環境にある。湖・民家・街道が一体化したような町並みである。

なお下阪本地区の発掘作業は昭和

五十七（一九八二）年から継続的に進められていて、旧北陸道や松ノ馬場沿いに中世の集落跡が出土している。遺跡からは礎石建物、石積み・石組み遺構をはじめ、羽釜、擂鉢、火鉢、香炉、漆塗りの椀などの日常生活用品のほか、中国宋代や明代の貨幣、青磁、白磁の碗や皿なども出土している。下阪本が港町としていかに活発な交易が行われていたか、うかがうことのできる資料である。

若宮神社（比叡辻）。船渡御した神輿が上陸する港に鎮座

元亀二（一五七一）年に下阪本に坂本城が築城される。明智光秀が初代城主として下阪本を領有することになり、下阪本は城下町として姿を変えていく。城下町としての体裁を整えるには武士団を城下に集住させる必要があり、また運送業者や商人だけでなく、種々の職人や職業をもつ多くの人びとを集める必要があった。

下阪本の町は城下町として大きく変貌することになったが、そのわずか十三年後の天正十三（一五八五）年に城が大津に移され、坂本城の資材の多くが大津に運ばれていった。世の中が落ち着いてくると政治と経済の中心は、大津の立地がまさっていたからであろう。城の移転にともない武士団や商工業者は大津に移り、新しい町を形成してかつて居住していた町名を名付けた。

大津百町の旧町名である上小唐崎町、下小唐崎町、石川町、太間町、柳町、坂本町がそれである。坂本城下であった唐崎、

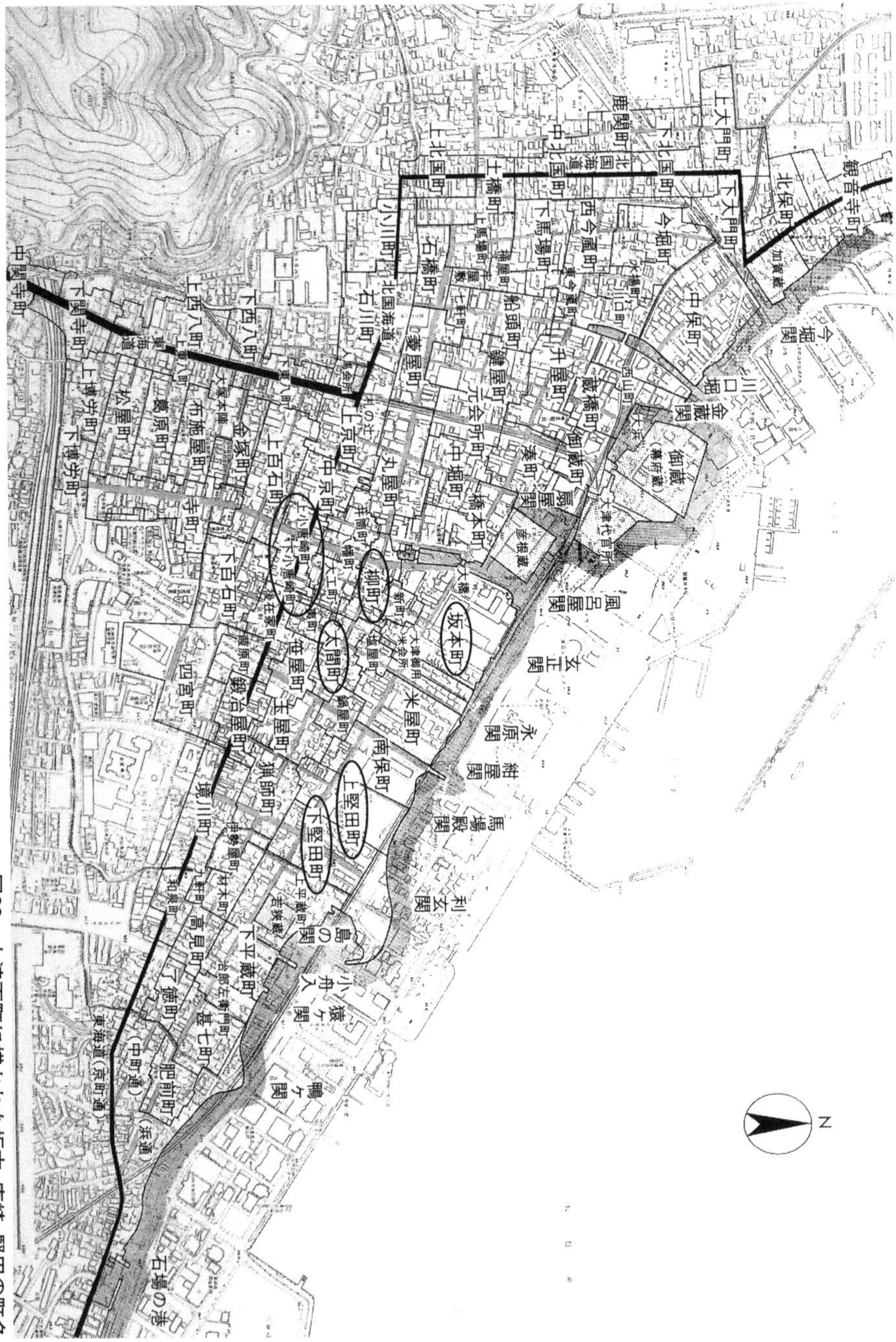

図20　大津百町に描かれた坂本・唐崎・堅田の町名

下阪本、坂本の町名がそのまま使われていたことがわかる。そして下阪本は再び農業と湖上・陸上の物資輸送と商業を生業とする町に戻った。

(2) 上坂本にみられる「伴」

上坂本の町をみていくとき、「伴《ばん》」とよばれた組織と領域に興味を抱いた。日吉社を中心とした上坂本の中心部には、1 早尾伴、2 悪王子《あしおうじ》伴、3 蔵の辻伴、4 西方図子《さいほうのずし》伴、5 生源寺伴、6 郡園《こうしろ》伴という6つの「伴」が記されている。「伴」は半分に割ったものの両方が揃っている、という意味があるという。また「伴侶」に代表されるように「とも」「ともがら」「仲間」「伴う」「連れ立つ」といった意味がある。同じ志や想いを持つ者同士の集まり、一つのまとまりのある組織、あるいは領域という解釈ができるであろう。

坂本において「伴」とは、山王講の組織を示している。山王講は山王信仰を精神的絆として結ばれた人びとの講であり、近世においては公人衆を中心に構成されていた。比叡山には多くの修行僧がいて一山大衆といった。この中には皇族や中央貴族、地方の有力氏族の出身者で学問と修行に徹する者を衆徒、下僧の位から学問と修行を積んで昇進していく者を堂衆とよんだ。最高位である座主は前者から選ばれていたことはすでに記した。

このほかに山徒とよばれる人びとがいた。近世以降は公人といわれていた。公人はすでに何度か登場しているが、剃髪をして僧籍を有し、生活の根拠を山下（坂本）に置き、妻帯が許されていたという。しかし一般の町民や農民とは異なり、常に帯刀していて山に上って各谷の政所において寺の雑務や警護に当たっていた。比叡山の堂宇の管理と防衛の一端を担っていたのである。

里においては庶務・会計・年貢の徴収などが公人の主な仕事であった。祭礼とも強く結びついていて、日吉山王祭の運営・執行も公人の重要な役割の一つであったといわれている。今日の山王祭においても、甲冑をまとい扇子をふって神輿を先導する姿は、公人時代の面影を残しているという。これらの公人は三塔十六谷の僧院に属し山王講を構成し、先の六つの伴のいずれかに属していたという。

日吉山王祭で神輿を先導する甲冑(公人衆)。現在は各駕輿丁の長老が担当する

鳥居の上に山形を載せた山王鳥居。この鳥居をくぐると神の領域になる

「伴」の発生について、一説に元亀の兵乱との関係が指摘されている。織田軍に対抗するため、公人を中心とする組織が軍議を行う際に最寄りの地域に集まったことが基になったというものである。公人衆それぞれが集合した場所が六か所あり、その地域の名が山王講の組織の名となって残ったというのである(『松嶋家文書』)。緊急事態にあたり、同じ立場の者が地域ごとに集合することが合理的であったのであろう。

石の鳥居

（3）領域としての「伴」

「伴」についてもう少し掘り下げてみたい。先に記した六つのまとまり山王講の組織の母体になる単位であるとともに、上坂本のある領域を示す描き方ができる。

琵琶湖畔から日吉大社の神域にあたる山王鳥居までの距離は二㎞ほどである。その間に四基の鳥居が建てられている。日吉社境内から神域との結界としての山王鳥居、その下に赤の鳥居、石の鳥居、そして琵琶湖に近い大神門の鳥居である。

山王鳥居を内神門、石の鳥居を中神門というよび方をする。現在は鳥居が建てられているが、それぞれの領域の中に神門が建てられていたようである。なお赤の鳥居は昭和十一（一九三六）年に建てられた新しい鳥居である。

早尾伴・悪王子伴

早尾神社（祭神素戔嗚尊）は西本宮と東本宮の起点に位置する地点に鎮座している。また東本宮の参道に鎮座しているのが須賀神社（祭神素戔嗚尊奇魂）で、この神社は別名悪王子社ともいい、祭神名の下についた奇魂《くしみたま》は不思議な力をもつ荒々しい神、力の強い神という意味だという。この早尾神社の地点が早尾伴、また須賀社の地点が悪王子伴にあたるようである。

大神門の鳥居。この鳥居までが神仏と神仏に仕える人びとの領域であった

赤の鳥居。この鳥居は日吉社境内への入り口に昭和11年に建てられた。鳥居の上部にみえるのが八王子山

日吉山王社を守る早尾神社と堅固な石垣

慈恵大師が入山修行の決意をかためられたとされる求法寺

いずれも祭神として素戔嗚尊を祀っているが、この神はよく知られているように、斐伊川に棲んでいた大蛇を退治して櫛稲田姫を救ったという伝説をもつ神で、出雲神話のなかで語られている。出雲に鎮座する神であった。この力の強い二神が山王七社の入り口にあって、守りを固めているという印象をもつ。またこの領域は、山王上七社をはじめ、重要な宗教施設が集中している領域でもある。

早尾神社の境内の南には、比叡山の登山口である本坂の出発地点がある。主要な宗教施設として求法寺走井堂が建てられている。求法寺は第一八世天台座主に就かれた慈恵大師良源大僧正(元三大師)が、初めて比叡山に上るときに入山修行の決意を固めたことから、求法寺と名付けられたという。元三大師を祀る正堂(内陣)と参詣の場である礼堂(外陣)とでなっている。求法寺走井堂は古くは第四世天台座主安恵和尚《あんねかしょう》の里坊として創建され、元三大師が十二歳の時に入山の意思を固めたところが走井堂であったという。

走井の名は、近くに清めの泉と泉を祀る走井社がある事から名付けられたもので、ここには走井橋という欄干のない石橋が架けられている。走井社は大宮川左岸の大きなスギの根元に祀られている。四月十二日に日吉山王祭が始まるが神主はこの走井橋を渡り清祓いをする。六月三十日と十二月三十一日の大祓いの儀礼もこの走井社で行うという。このほかにも宗教施設が建てられていたようであるが、現在では消滅している。境内の入り口に建つ赤の鳥居は新しい鳥居であるが、この鳥居をくぐると日吉大社の聖域に入ることになる。

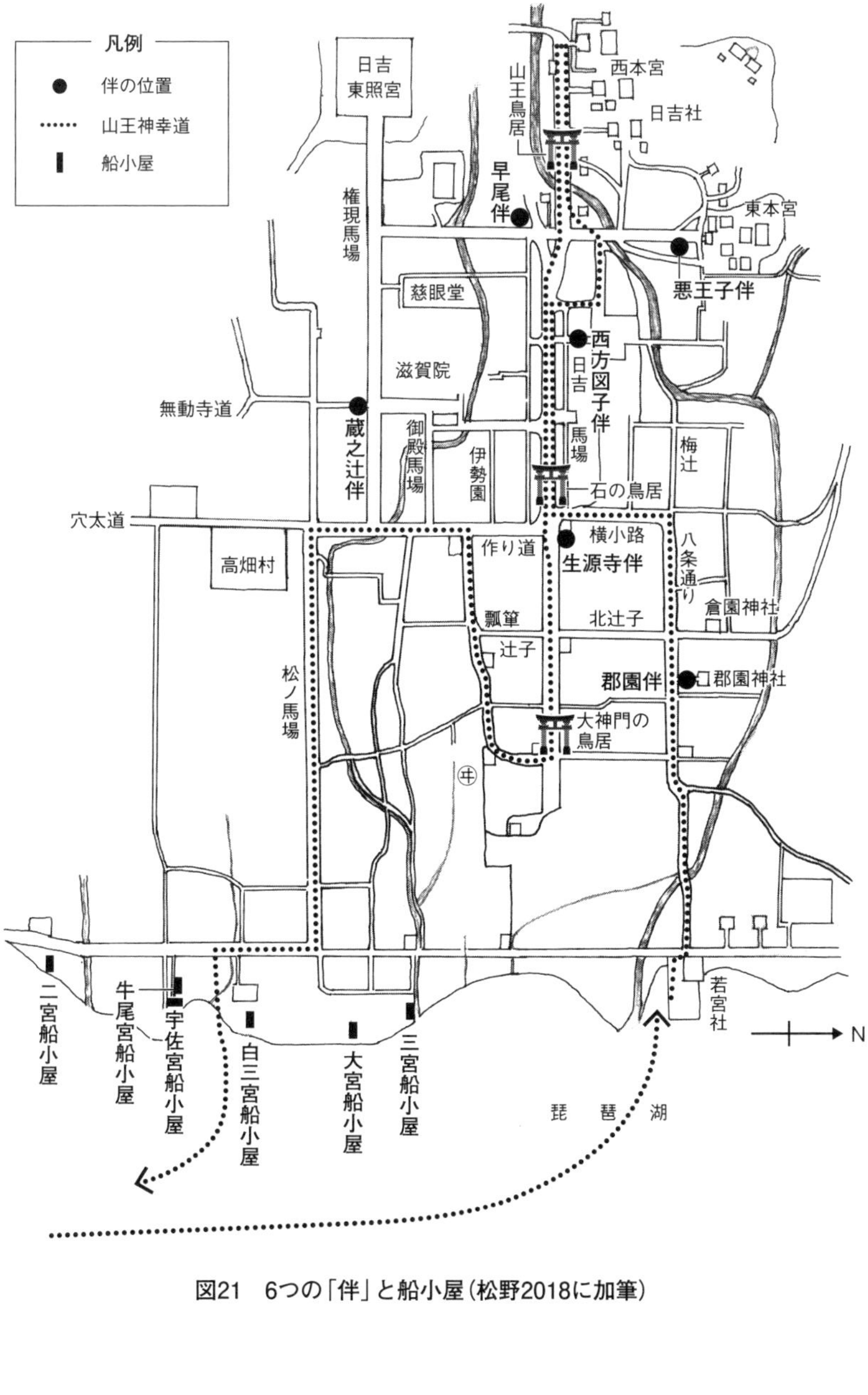

図21　6つの「伴」と船小屋（松野2018に加筆）

天海大僧正（慈眼大師）を祀る慈眼堂

蔵の辻伴、西方図子伴

蔵の辻は下阪本の三津が浜から西に向かって延暦寺と日吉社の参拝道である松ノ馬場通り一㎞ほど上がった地点にある。この地点から南に向かうと無動寺坂へ、北へ向かうと大覚寺と滋賀院御殿（後述）の下を通り日吉社の参道である日吉馬場に出ることができる。琵琶湖畔から比叡山と日吉社に向かう主要な通りである。

蔵の辻に対応する形で西方図子（辻子）がみえる。南に向かうとやはり日吉馬場に通じ、北に向かうと八条通りに通ずる道になる。この通りをさらに北に向かうと弘法寺にぶつかる。弘法寺は第一八代座主の良源（慈恵大師）が里坊とした寺であることはすでに記した。この寺は代々横川の別当代を務めていた寺である。早尾伴の下から蔵の辻、西方図子までの間が一つの領域となり、しかも松ノ馬場通りと八条通りの二本の道が北陸道に通ずる道であった。

この領域は赤の鳥居から石の鳥居（中神門）までの範囲を想定できる。そのうちもっとも広い場所を占めている

梅辻の里坊と石垣

一角が、天台座主が居住した滋賀院御殿であり、約六六〇〇坪の敷地である。滋賀院の西には天海上人(慈眼大師)をお祀りした慈眼堂、その西側には桓武天皇、後水尾天皇、後陽成天皇、東照宮、天海上人、新田義貞、紫式部、清少納言、和泉式部など、延暦寺と日吉大社に縁の深いとみられる人びとの供養塔が建てられている(写真173頁)。

石の鳥居の下には日吉馬場をはさんで南北に走る道がついている。大津の市街地に近い南から坂本までの道を「穴太道」、そして坂本に近い方を「作り道」とよび、古くからの参詣の道であった。石の鳥居からさらに北に伸びる道を「横小路」とよんでいる。

作り道からは、南から無動寺道、権現馬場、御殿馬場、伊勢園、日吉馬場、西本宮に向かう道が西(比叡山)に向かって伸びている。「早尾伴」への方角である。無動寺道は東塔無動寺谷への登山道、権現馬場は日吉東照宮に、御殿馬場は滋賀院に通ずる道である。そして日吉馬場は日吉大社へ向かう広い道になる。伊勢園の町に入る道も作り道が起点になっている。これらの道はほぼ直線の通りが西へ伸びており、計画的な町造りがなされていたことがわかる。

今日では作り道から日吉社に近い西側が主に里坊の領域になっているが、かつてはこの道の下にも多くの里坊が並んでいたという。神職が住んだという伊勢園もこの領域内にあり、その先が滋賀院になる。また横小路からも梅辻という道が西に伸びている。この道沿いにも里坊が多いのであるが、今日では一般の民家と混在している状況である。しかし今日なお石垣に囲まれた伝統的景観を残している。

生源寺伴、郡園伴

生源寺伴はその名のとおり生源寺を中心とする伴と考えていい。日吉馬場をはさんで作り道と横小路の下手にあたる。日吉馬場と横小路が交差する地点に位置しているのが生源寺である。また石の鳥居(中神門)と一番琵琶湖に近い鳥居が建つ大神門の間に、やはり日吉馬場(井神通)をはさんで北へ向かう北辻子《きたずし》、南に向かう瓢箪辻子が通っている。北辻子をはさんで上(西)に倉園神社、下(東)に郡園神社が鎮座している。郡園伴はこの神社の名をとったものと考えられる。領域としては石の鳥居(中神門)から大神門の鳥居までが想定できる。

生源寺は西塔の総里坊であり、坂本における行政、財政、警察権などの権限を持っていたことはすでに記した。その並びに大将軍神社、市殿神社、百恵天神社など、境外一〇八社に属する神社が含まれている。郡園伴も同様で、倉園神社、郡園神社、御田神社、杉尾神社など、やはり日吉社と高穴穂神社との関係の深い神社が点在している。いずれの神社も小規模ではあるが氏子を抱えている。

この神社の氏子が自動的に日吉社の氏子になり、日吉山王祭の担い手になっている。現在ではこの地区には石垣に囲まれた家は限られた家になるが、生源寺および各神社と公人屋敷は穴太衆積みの石垣が積まれており、風格ある姿をみせている。

現在名残をとどめている公人屋敷は数軒である。いずれも生源寺伴と郡園伴から東（琵琶湖側）に屋敷を構えており、その屋敷は一般の町屋にくらべるとはるかに広く、現在大津市が管理している公人屋敷は三〇〇坪をゆうに超える広さである。

生源寺本堂。西塔の総里坊だった

公人屋敷（旧岡本家）の裏庭。正面にウマヤ、右側に米蔵が建てられている（管理・大津市観光振興課）

頑丈な門構え、建坪四五坪ほどの母屋と一二坪ほどの離れと広い土間、後庭には数頭の馬が入る厩、年貢米を保管する大きな蔵、家財道具等を入れる蔵などを備えている。

日吉社境内の入り口にあたる赤の鳥居から琵琶湖岸までは約二㎞の距離であるが、そのうちの七五〇ｍのあたりまでが六つの伴の領域になっていたと考えられる。琵琶湖の沿岸から西の数百メートルは下阪本の領

作り道の町並み。現在も酒屋、旧醤油屋、和菓子屋などが建ち並ぶ

域になり、その間には数軒の家がみられるが多くは水田が広がっていた。また水損地という記載もある。琵琶湖の水位が上がると浸水してくるのである。したがって古い地図をみると大神門から下は道が途切れている。

(4) 民衆(町民と農民)の領域

一般の民衆の領域については示されていないが、参考になるのは両坂本の絵図である。明暦元(一六五五)年以前の作成と推定されている絵図によると、作り道の両側と松ノ馬場との交差点のあたりに家並がみえる。近世初期にどのような人が居を構えていたかはわからない。しかし後期になると、作り道の両側は商人、職人、宿屋などが軒を並べていた。下阪本の三津が浜に船着き場があって、船でやってきた人びとが延暦寺や日吉社に参拝する、また物資の運搬のための主要な道が琵琶湖から西に向かう松ノ馬場と途中から北に向かう作り道であった。

当時作り道に軒を並べていたとみられる商家や職人の主な業種をみていくと、宿屋がもっとも多く元宿屋を含めて

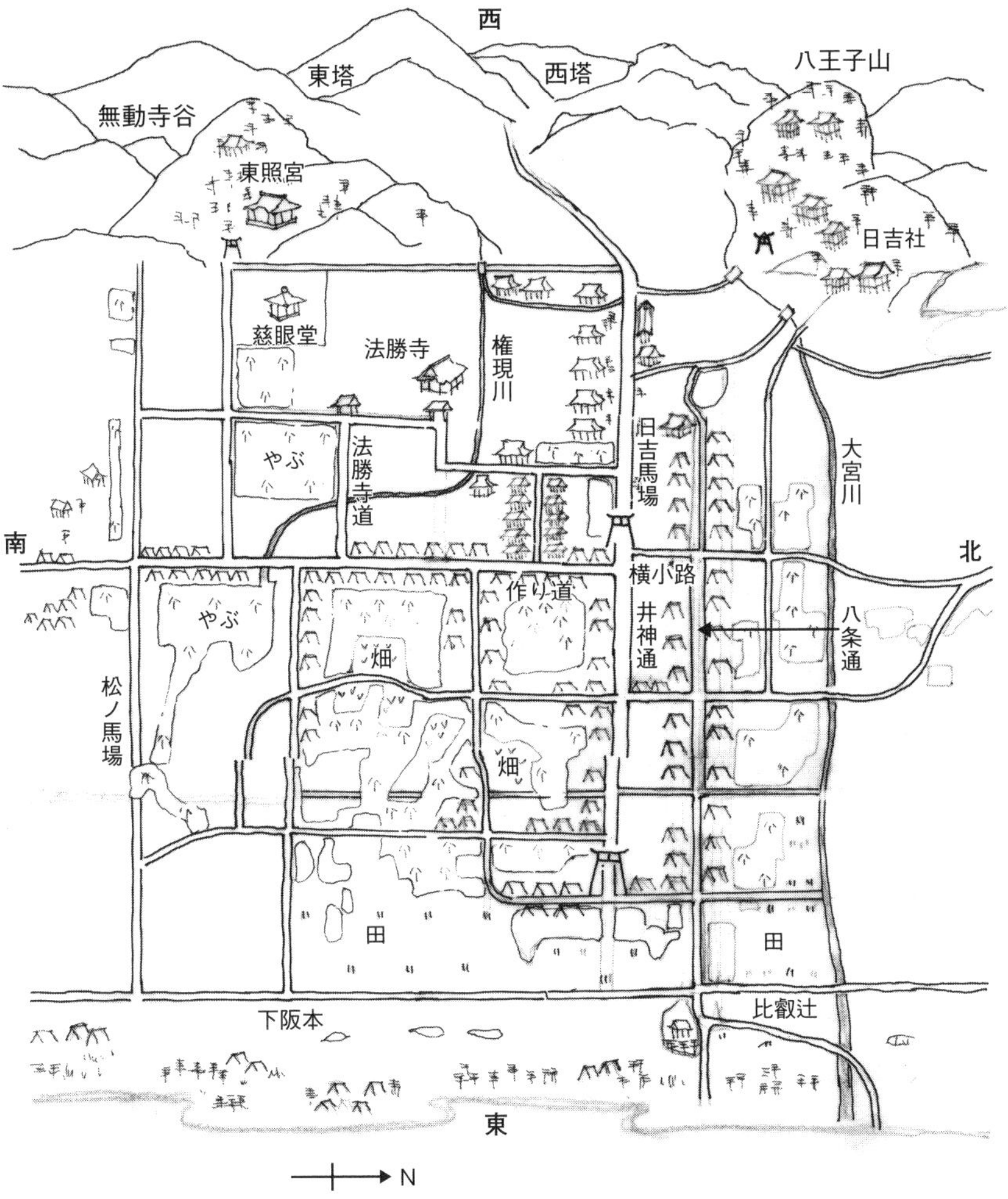

図22　近世初期の坂本

「上坂本薮地絵図」江戸時代（17世紀）（叡山文庫・止観院蔵）の模写。
17世紀の上坂本の家並みが描かれている（大津市歴史博物館2015）

一一軒、次いで味噌・醤油・油・うどん・乾物・茶・八百屋などの食料品を売る店が一〇軒、酒・塩・煙草屋が三軒、菓子屋二軒、桶屋三軒、屋根屋一軒、材木屋一軒、石屋一軒、染物・呉服屋三軒、塗師屋一軒、簾屋一軒、下駄屋一軒、飛脚二軒(うち一軒は豆腐屋を兼ねる)、鍛冶屋一軒(酒屋を兼ねる)、指物一軒(煙草屋を兼ねる)となっている(地元有識者による屋号調査より)。

また横小路にも数軒の商人や職人が居を構えていた。宿屋一軒、米屋一軒、造り酒屋一軒、塗師屋一軒、八百屋二軒である。宿屋の数が多いことから門前町の性格を表している。食料品店が多いのは坂本の町に住む人びとの需要に応じていたのであろう。桶屋、屋根屋、材木屋、石屋、塗師屋などの職人は、日吉大社や延暦寺の仕事に携わるかたわら町の人びとの需要にこたえていたものと思われる。

一方、作り道の東側(琵琶湖側)は藪と畑が広がっており、そこには一〇数軒の家がみえる。また中神門と大神門の間、その下手(東側)にも南北にはしる道がついていて、その道沿いにも家が連なっている様子がわかる。その周囲は田畑という記述があるので、農業を生業とする人びとが家並みを構成しているのではないかと思う。作り道も中神門と大神門の間の道も生源寺伴と郡園伴の領域に入るので、公人衆を対象にした「伴」の領域設定は厳密なものではなかったのであろう。もしくは里坊と公人の町から多くの参拝者が訪れる門前町へと変貌していった結果であったのかもしれない。

もう一点、農業と種々の兼業する人びとが住んだ領域として想定できるのは、大宮川の北側の地域である。ここには日和、広芝、木の岡といった地名がみられる。やはりなだらかな斜面が続き、幾段にも続く棚田が開かれている。田畑が多い様子が古い地図からうかがうことができる。今日では多くの住宅が立ち並んでいるが、その景観をみるかぎり上坂本にくらべるとはるかに農業に適した地域であることがわかる。古図には民家は描かれていないが、後に触れるように上坂本とは関係の深い地域であった。

（5）坂本における「伴」がもつ意味

以上のような形で伴の領域を確認してみると、元亀の兵乱との関係がよみがえる。織田軍に対抗するため、公人を中心とする組織が軍議を行う際に最寄りの地域に集まったことが基になったというものである。「伴」の存在は織田軍の日吉社や延暦寺への侵攻を防ぐためにはその進入路をふさぐことであった。悪王子伴と早尾伴は日吉社境内の入口にあり、とくに守らなければならない重要な領域であった。蔵の辻伴と西方図子伴は日吉社境内に入る主要な道をふさぐ位置にあたる。生源寺伴と蔵の辻伴も同様であるが、いずれの伴も松ノ馬場通りと八条通りをおさえていることに大きな意味があった。この通りは北陸道、ひいては琵琶湖の各港とつながる道だからである（図21・157頁）。

それぞれの公人は三塔十六谷に属していたとされているが、公人が構成する山王講は所属とは別の形で行われていたようである。「山王講之所（生源寺蔵書・叡山文庫蔵）」という文書には、恒例の山王講を九月二十六日に行うという案内書が保管されている。文書の年代は不明であるが、資料リストには江戸時代と記入されている。これには重複を除くと五〇ほどの里坊が記されており、なかには里坊名に公人の身分を示す受領名を併記した者もみられるので、各坊に奉仕をする公人が集まっていたものと思われる。

この年の会場は西塔北谷に所属する金臺院であった。金臺院がどこの伴に属していたのか不明であるが、東塔と横川の坊の名もみえるので、伴の存在と公人が所属する坊塔の所在地は必ずしも同じではなかったことがわかる。また単純な計算であるが、一つの伴に平均五〇名ほどの公人が所属していたとすると、この時期の公人の総数は概算で三〇〇人余りということになる。

同じ叡山文庫蔵の「蔵の辻番山王講科高物成帳」には、公人から講料として米を集めていたことが記されている。文書には三名の公人とみられる名が記されており、その住所は郡園町、次の町、中の町となっている。次の町と中の町は八条通りの一角であり、郡園町も郡園伴に近い所にある。しかしながらこの三名の公人は日吉馬場をはさんで南側に位置する蔵の辻伴に所属しているのである。地図でみてもわかるように、蔵の辻伴と郡園伴はかなり離れた所に位置しているので、公人の住所と伴との関係は遠近で測ることは難しい。よって公人と伴との関係はまだ解決していない。

伴は日吉社や延暦寺を守るために重要な位置に配されていた。この問題も裏付けができているとはいえないが、上記六つの「伴」を軸とした領域構成が近世以前からあって、それぞれの領域の中心にはいち早く危険を察知する体制と、人びとの信仰の対象となる重要な信仰物が存在し、その存在が坂本の町の構成に深く関わっていたのではないかと考えるようになった。大事が発生した時に、公人衆が偶然集まった場所が六つの伴であったとは考えにくいからである。そして近世に復興する坂本の町の全体計画は、伝統的な伴という領域が基盤になっていたのではないかという想定である。

山王七社をひかえた悪王子伴と早尾伴は、主神と主神を守護する神の領域である。西方図子伴の弘法寺は第一八代座主の良源（慈恵大師）の里坊、蔵の辻伴には法勝寺（のちの滋賀院）、慈眼堂などが建てられる。延暦寺関係の領域といっていい。いずれも近世以降の建物であるが、重要な建物が重要な場所に建てられていること、また生源寺伴と郡園伴には生源寺と、高穴穂神社とのつながりが深い倉園神社と郡園神社、そして日吉社を支える数々の神社が存在している。

神仏の存在と人びとの暮らしは切り離すことができないという環境の中で、神仏に対してそれぞれの役割をもった人々が、互いに了解した形で町の領域構成がなされていたように思う。つまり神仏の領域、神仏に奉仕する人びとの領域、そして神仏に奉仕する人びとや寺社等の施設を技術力や労力で、時には経済的に支える人びとの領域構成である。神仏への奉仕のあり様と生活の立て方の違いによる住み分けが基本になっていたという理解である。このような神仏との関わり方のちがいが住み分けの中に現れていて、その伝統が近世に引き継がれ、近世以降の町の復興計画に生かされているのではないかと考えている。

3　近世の坂本の町の復興

(1)　延暦寺と日吉社の復興

元亀二（一五七一）年の兵乱後、復興が急がれたのが延暦寺の堂塔、日吉社の社殿等であった。信仰と統治の象徴である施設の復興がまず優先され、坂本の町の復興はその後に行われている。延暦寺と日吉社の復興がはじまるのが一五七〇年代後半からで、天正十（一五八二）年の本能寺の事件後、この動きは急速に高まっていく。

延暦寺根本中堂戒壇院の再興は天正十三（一五八五）年に始まっている。また大宮（西本宮）はそれ以前の天正七（一五七九）年から動き出しており、天正十一年には山王七社の宮地の清祓が行われ、大宮本殿遷座祭は天正十四（一五八六）年であった。その後続々と仮殿が建ち本格的な造営が行われた（『日吉大社大年表』）。そして比叡山の諸堂舎は徳川三代将軍家光の時代（元和九〈一六二三〉年～慶安四〈一六五一〉年）にほぼ再建されたという。

当時権力を掌握していたのは豊臣政権であり、その後は徳川幕府に変わる。政策的、経済的背景としてこの二つの政権が関わったことは間違いないであろう。さらに重要なことは、延暦寺と日吉社は密接な関係にあったことであり、延暦寺は慣例として皇室関係者が座主を務めていたことであった。天正十年、当時座主であった青蓮院宮尊朝法親王を代表として、帰山した高僧たちによる「比叡山再興勧進帳」がつくられている。

また日吉社においても同じ年に、座主を通して朝廷より日吉社再興のための勧進に努めるよう令旨があり、日吉社再興に関しては祝《ほうり》、神主、禰宜《ねぎ》、権《ごん》禰宜など、日吉社の関係者の働きも大きかったことが記されている（『新大津市史』）。なかでも日吉社社家であった生源寺家の行丸の功績が大きかったことが伝えられている。行丸は大蔵太輔正四位下で日吉社の総官禰宜であった。文禄元（一五九二）年に八十一歳で亡くなっているので、永正七（一五一〇）年、もしくは八年の生まれであろう。

永禄六（一五六三）年には山王社の社殿修復のために、全国を行脚して奉加金を集めている。『日吉大社大年表』には「日吉社神主生源寺行丸の請により、綸旨ならびに将軍御教書を賜い、行丸に諸国へ勧進し同社を修理させる」とある。また本能寺の事件以前から社殿の復旧のための勧進に努め、その上日

日吉社の復興につくした行丸の墓所。墓所は来迎寺(比叡辻)にあり、今日なお行丸ゆかりの人びとによって供養が行われている

吉社の由来を記した『日吉社神道秘密記』の作成や、祭礼行事等の記録の復元に努めたといいわれている。生源寺家の家系図には以下のように記されている。

「永禄六 八 廿一依社頭過半退転 勤諸国之貴賤奉加可遂造営之大功旨賜綸旨又賜将軍御教書　元亀二 九十二社頭為兵火拂地焼亡、天正四 十七奏諸社頭再造　同十 一十一造立假殿　同十二 八 浅野長吉寄進神領比叡辻分　同十三 四十九大宮柱立　同十四 四八大宮遷宮　同二十 六五卒年八十二」(『日吉社祝部氏系譜』「生源寺家」行丸)

(注7)「永禄六八廿一」は永禄六年八月二十一日、「元亀二九十二」は元亀二年九月十二日。以下同。

(2) 坂本復興に関わる記念碑的構築物

上記のほかに朝廷や時の政権が復興に協力的であったことはいくつかの証しがある。朝廷の例では滋賀院の建物がそれである。天海大僧正が後陽成上皇より京都御所の高閣を賜わり移築したこと、そして、後水尾上皇より滋賀院の号を賜ったことである。天海大僧正は延暦寺の僧で、日吉社の復興にもつくした人であった。近世に入ると多くの里坊が整備されるとともに、三塔十六谷を統括する本坊（総里坊）として滋賀院が坂本に置かれる。滋賀院の沿革については以下のような説明がなされている。

滋賀院門跡の城壁を思わせるような石垣

「元和元（一六一五）年、天海大僧正が後陽成上皇より京都御所の高閣を賜わり移築され、明和元（一六五五）年後水尾上皇より滋賀院の号を賜った。境域は一万平方米の敷地に内仏殿・宸殿・二階書院・庫裡・台所と御成門と六棟の土蔵から成っている。

宸殿と二階書院に面した庭園があり、外観は堂々たる石垣（穴太衆積み）の上に土塀がめぐらされ、天台座主の御座所として地元では滋賀院御殿とよんでいる。みどころとして狩野派渡辺了慶作の襖絵と伝小堀遠州作の庭園がある」

現存する建物は後世のものであるが、この説明にあるように滋賀院は歴代の門跡座主が居住する屋敷で、御殿といっていい豪壮な造りになっている。日吉大社への参拝路であり、古くからの町屋が連なる作り道から西に向かって上る比較的広い道を御殿馬場とよんでいることはすでに記しているが、その突き当りが滋賀院門跡で、まず目につくのが唐破風の御成門であり、高石垣である。

この御成門を中心にして地形は北から南に向かって下っている。よって石垣は御成門より南の方角が高くなっていく。概算であるがもっとも高いとみられるところで石垣の高さが二間半（約四・五m）、その上に約一間（一・八m）ほどの漆喰が塗られた土塀が築かれている。下から仰ぎみるほどの高さである。

木造の工法を模した大宮橋

滋賀院は比較的なだらかな山の斜面に立地しているので、この石垣は土留めの役割と平地を造成するために築かれているのであるが、結果的に防御の役目も果たしているようにみえる。頑丈な門を閉めてしまえば石垣を登らなければ中に入る方法はない。下からは長い梯子をかけなければ上ることはできない高さなのである。

一方、大宮川に架かる三基の橋は天正年間に豊臣秀吉の寄進とされている。当初は木橋であったものが寛文九（一六六九）年に石橋に造り替えられているが、その構造は木造の木組を模したものである。大宮橋を例にとると、橋桁を支える四本の橋脚を三列にして二間ほどの間隔で建て、それぞれの橋脚を太い貫で固定している。橋脚の上には川をまたぐ形で三本の橋桁をやはり三列渡し、腰掛あり継ぎという木

簡素な石橋である走井橋

材を継ぐときの技法を用いて継いでいる。その上に梁を渡しゆるい曲線を描くように加工した石を橋板にして載せたものである。長さ約十四m、幅約五mの立派な石橋である。大宮橋ほど構造は複雑ではないが、二宮橋も同じ形式の石橋である。

これに対して走井橋は幅約三・五mの橋であるが、非常にわかりやすい構造である。川の両岸を野面積みの石垣でしっかりと固め、川をまたぐようにして角柱の橋桁を三脚ずつ二列にしてその上に梁を載せ、その上にやはり緩やかに湾曲した橋板を載せたものである。これら石橋は寺院には欠かせない基壇の構築、堂宇の礎石、墓標、石仏などを加工する石工と、穴太衆との共同作業であったと考えられる。

滋賀院の西側に慈眼堂が建てられていることはすでに述べた。天海大僧正を奉斎したお堂である。天海僧正は会津高田(福島県)の出身で、延暦寺、園城寺、興隆寺で天台三宗、倶舎、法相、華厳などの諸学を学んだ。元亀の兵乱以降比叡山に戻り、延暦寺の復興につくしたと伝えられている。徳川家三代の信任を得て幕政にも参画し、東叡山寛永寺、日光山輪

慈眼堂の西側に建てられた供養塔。手前から後陽成天皇、天海大僧正、桓武天皇、東照大権現（徳川家康公）、後水尾天皇

王寺の開山にもかかわっているという。慈眼大師の諡号を賜っている（『岩波仏教辞典』）。

慈眼堂のさらに西側に歴代天台座主を祀った供養碑が建っている。その中央に一段と大きな供養塔があるがこれが桓武天皇のものである。桓武天皇と伝教大師最澄との関係は緊密であったことが伝わっている。その両側に後水尾天皇と後陽成天皇の供養塔が建てられている。この供養塔も朝廷と延暦寺は密接な関係にあった証であろう。さらに桓武天皇のすぐ脇に東照大権現（徳川家康公）と刻まれた供養塔があり、後陽成天皇の脇には天海大僧正の供養塔が建てられている。徳川幕府と比叡山の関係もこれで明らかであろう。

さらに加えれば、慈眼堂から西の山を登ったところに日吉東照宮が建てられている。この社殿は日光東照宮に先立ち、天海大僧正によって元和九（一六二三）年に造営され、寛永十一（一六三四）年に再建されたと伝えられている。日吉東照宮の本殿には中央に徳川家康公が祀られているのが象徴的である。そして正面向かって右側に日吉大神、左側に摩多羅神が祀られている。以上のことをまとめてみると、元亀の兵乱以降、延暦寺と日吉社の存続を可能にしたのが関係者の復興に対する熱意と努力であり、勧進に応じた全国各地の信者、そして幕府の支援が大きかったことを知ることができる。

(3) 坂本の町の復興

延暦寺や日吉社の復旧にくらべると、上坂本の町づくりは少々遅れるようである。しかも町の復興は、延暦寺と日吉社に関係する人びとの住まいや生活環境の整備が優先されたのであろうから、里坊や公人屋敷の建設から始まったと考えている。悪王子伴から蔵の辻伴、西方図子伴に至るまでの領域が、石垣の町としての坂本を象徴しているのであるが、この地域が延暦寺と日吉社との関係が深い領域であった。里坊の敷地や建物は延暦寺の管轄であり、公人は延暦寺や日吉山王祭を支える重要な存在であった。

里坊の制度である「一山衆徒法度」の制定は慶長十(一六〇五)年、また本坊である滋賀院が移築・整備されるのが元和元(一六一五)年であった。近世において先の領域に里坊ができはじめるのが初期のことである。ここでは武覚超『比叡山三塔諸堂沿革史』を参考にさせていただき里坊の変遷をみていきたい。なお江戸初期は承応元(一六七二)年から延宝元(一六七三)年、中期は明和四(一七六七)年、後期は文化二(一八〇五)年以降、そして明治五(一八七一)年としている。坂本の町を描いた絵図を基礎資料にしているからである。

表2で示したように、里坊の数は山坊の数に比例していることがわかる。山坊の数は圧倒的に東塔に多かった。たとえば江戸中期においては東塔六五(里坊三九坊)、西塔三七坊(里坊二一坊)、横川二一坊

（里坊九坊）となっている。また山坊は江戸初期の段階で一二五坊を数え、復興が進んでいる様子がわかる。これにたいして里坊は、江戸中期以降にその数を増やしていく。このころに坂本の町の整備が進んでいることがわかる。また明治初期には山坊が大きく減少しているのに対して里坊は増加している。この時期に行なわれた神仏分離の影響が大きかったのではないかと思う。

表2には表れていないが、江戸初期に存在した里坊一七のうち明治初期まで継承されてきた里坊は五坊であった。里坊の後継者がなければ無住になるか、別の坊の僧侶が入り坊の名前が変更される場合もあったであろう。

さて表2が示していることは、坂本の町の整備が進んでいくのは中期になってから、ということである。江戸初期に存在した里坊は一七坊であったが、中期になると大幅に増えて六九坊になるからである。

表2　山坊・里坊の数

		江戸初期	江戸中期	江戸後期	明治初期	平成5年
東塔	山坊	65	65		33	8
	里坊	11	39	42	57	27
西塔	山坊	40	38		18	4
	里坊	2	21	16	16	8
横川	山坊	24	22		8	7
	里坊	4	9	9	5	9
山坊　合計		129	125	不明	59	19
里坊　合計		17	69	67	78	44

『比叡山三塔諸堂沿革史』より

坂本の町の中心部は「伴」が行われた領域であり、この領域に日吉社と延暦寺関係の主要な施設の建設が優先されたと考えられる。里坊もその重要な構成要素であった。現状ではその多くが早尾伴の下から生源寺伴の上にかけて集中している。赤の鳥居から石の鳥居までの間で、いいかえれば作り道と横小路から上ということになる。

里坊と共に整備が早かったのは公人の屋敷であったのではないか。江戸初期における公人の数は三〇〇人ほどであったとされている（「岡本家文書」叡山文庫蔵）。江戸中期にあたる明和（一七六七）四年における公人の数は一二七名、江戸後期の寛政十二（一八〇〇）年の公人の数は八九人となっている（「上坂本僧俗人数覚書」生源寺文書、叡山文庫蔵）。また享保七（一七二二）年の上坂本の各町内における家数をみると上町五〇軒、中町七三軒、次町三〇軒（以上八条通り）、井神町三七軒、郡園町二七軒、大乗寺町三八軒、大和の庄四一軒、作り道町四九軒、合計三四五軒とある（「上浜家弁人数宗旨帳面記、生源寺文書、叡山文庫蔵）。

八条通りと井神通りは古くから公人が住んだといわれる町で、この時代もっとも家数の多い通りであったことがわかる。今日も多少その面影を残している通りである。郡園町は郡園伴が存在した町、大乗寺町は八条通と井神通りを結ぶ細い道沿いに町を形成している。このほかかつて公人であり現在確認できる公人の住所をみていくと、日吉山王祭の際に神輿が渡御する道沿いやその近くに比較的多く分布しているようである（山王神幸道については157頁参照）。

公人のほかにこの町に住んだ人びとの多くは大工、左官、庭師、塗師などの職人や酒屋、醤油屋、材木商、宿屋、呉服屋などの商人であった。それは作り道を中心とした領域で、享保七年の段階で四九軒の家数であった。作り道の両側は商人、職人、宿屋などが軒を並べていたことはすでに記している。この資料は江戸後期から明治にかけての屋号調査によるものであったが、公人の減少と商工業者の増加により、坂本の町が大きく変貌していったことを示している。公人の減少に対して里坊は明治以降も江戸後期の数を保ち続けているので、坂本は里坊と商工業者の町に変貌していったのである。近世以前から続いてきた「伴」の領域構成が、民衆の力によって町が大きく変容していった様子をうかがうことができる景観である。

（4）里坊のなか

現在坂本には四九の里坊が存在していると記されている。四九の里坊のうち三六の坊が大津市によって調査されている。そのうち棟札が確認されている例が一六例あった。それをみるともっとも古い里坊の棟札は元禄八（一六九五）年となっている。以下延享五（一七四八）年、寛政二（一七九〇）年、文化五（一八〇八）年、文政十（一八二七）年、天保二（一八三一）年、弘化二（一八四五）年、弘化三（一八四六）年、弘化四（一八四七）年、嘉永六（一八五三）年、嘉永七（一八五四）年、安政四（一八五七）年の順である。以降は近代に入り、もっとも新しい里坊は昭和七（一九三二）年であった（「坂本町なみ調査報告」）。棟札をみていく限りでは、江戸時代中期から幕末にかけて建てられたものが多くみられる。里坊の建築年代は近世における坂本の町の成り立ちと深い関係にあるので、今後さらに深めてみたい問題である。

旧里坊「竹林院」。現在大津市が管理しており坊や庭園を見学できる

竹林院の回遊式庭園（管理・大津市観光振興課）

坊の屋敷取りをみると、表門を入ると玄関までの工夫をこらしたアプローチがあり、坊の多くは和式住居の構えである。寺の構えをみせている坊も一部みられる。そしてほとんどの里坊は庭園を備えていることが大きな特徴となっている。庭園は清らかな水を引きいれた回遊式のものもあれば、縁先からのぞむ枯山水の庭園もある。もっとも規模の大きなものは竹林院というかつての里坊であった。一〇〇〇坪ほどの回遊式庭園で、茅葺の茶室が二棟と休憩所として使用できる東屋などを備えている

池の正面とみられるところに背の高い大きな石を据え、その両脇に小さな石を置き、その周りにさらに小さな石を置いている里坊も少なくない。中央に如来、脇侍として菩薩を配した姿であるとうかがったことがある。寺における庭園は仏様が鎮座する神聖な場であり、念仏を唱えて心を落ち着かせる大事な場であったことがわかる。

母屋は正式な表玄関と内玄関とがあり、公私の場をはっきりと分けている。先にみたように寺という機能ほかに公的な場としての機能があったからであり、必ず客間を備えている。現在でも信徒がお参りに来る里坊も少なくない。

また毎日のお勤めをするので、屋内には規模の大きな仏間を設け立派な仏壇がすえられている。さらに規模の大きな里坊は敷地内に本堂を持ち、護摩堂をや宿坊、研修道場等を備えている。また里坊は日常的生活の場でもあるので内玄関も備えている。

4　いき届いた水の計画と石組

(1) 計画的な用排水路の構築

近世における坂本の町が、計画的に整備されたことは、用水計画ができていることからもうかがえる。人びとが生活を営んでいく上で、水は重要な要素であるからだ。しかも主要な用水路にはきっちりと石垣が組まれており、坂本の全体計画と石組は密接に関係していたことを知ることができる。

用水で使われている水は大宮川と権現川(藤ノ木川)である。大宮川の本流は、町の北側を大きく蛇行して琵琶湖に出る。またその南側には権現川が流れており、この川も琵琶湖に流れ出るのであるが、町内ではかなり複雑な流れをしているので、川自体を用水として使用していたことは何度か記した。

大宮川の上流部には比較的広い禊場があって、日吉山王祭などの行事が行われる際には、境内の一番奥(西本宮の正面にあたる)から川まで下りて、すべての神主はもちろん祭の役員等の参加者が禊を行うことになっている。そして境内の下手までは比較的深い谷を形成している。この川には三基の石橋が架けられていることはすでに記したが、このうち西本宮への参道に大宮橋が架かり、その橋元から用水が一本分岐している。

この用水は境内をぬけた後、里坊の屋敷の中を流れていくものと参道の側溝を流れていくものとに分かれる(図23・180頁)。里坊に入った水は庭園を潤し、用水として使用された後、その下の里坊に入り、

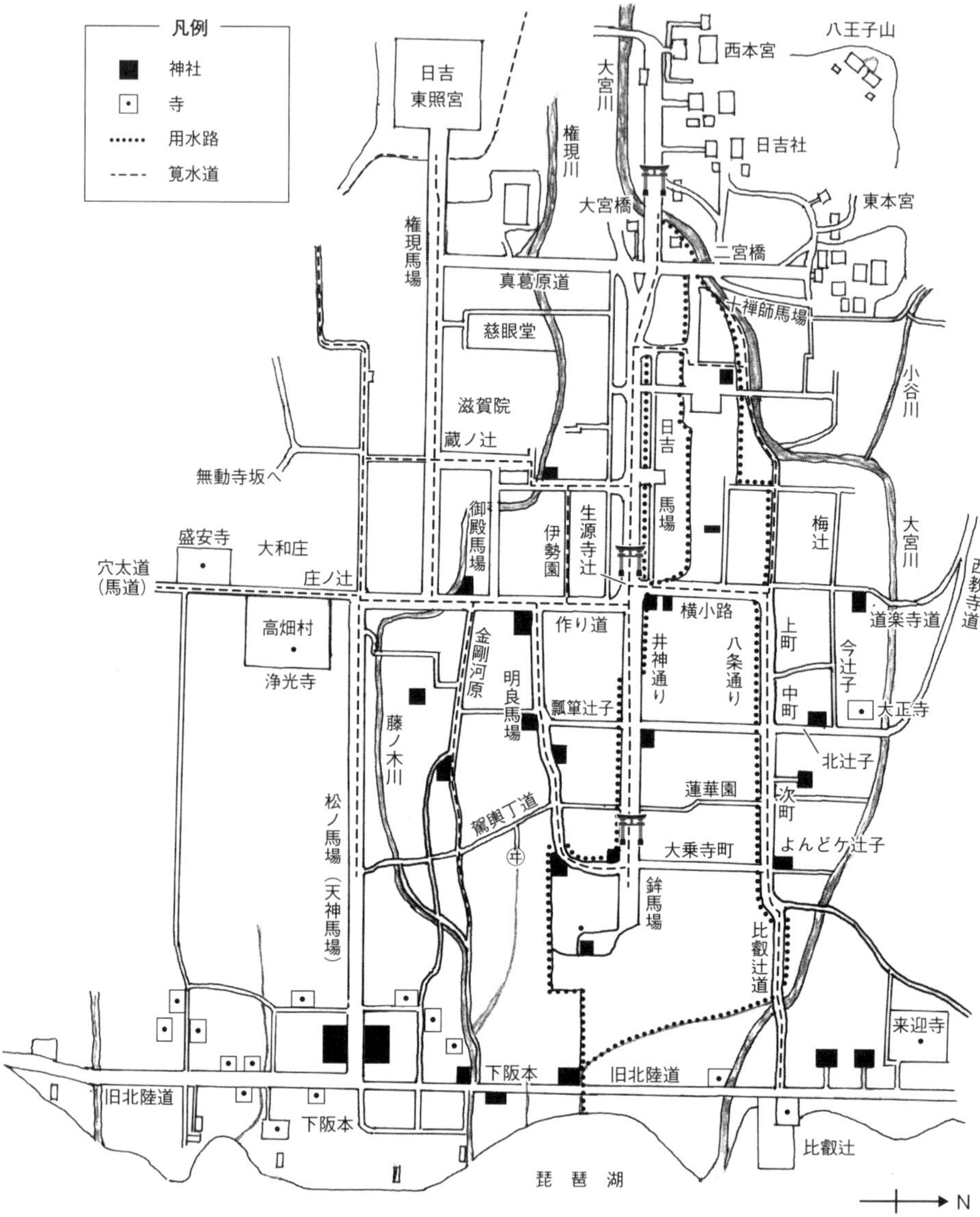

図23　坂本の町の道と水の計画(松野2018に加筆)

水路は里坊の庭をへて用水として側溝を流れていく(金臺院の庭)

二宮橋下の取水口。この水が八条通に流れていく

さらにその下の里坊に入っていく。里坊から出てきた水は参道の側溝の水と合流して町家の領域に入る。井神通りを下り、町家の前を通って大神門まで流れ、そこから鍵型に曲がって琵琶湖に出ていくのであるが、その途中の水田はこの用水から取水している。町家ではこの水を洗いものなどに使用した。

大宮川本流からは二宮橋の下からもう一本の用水を分岐させている。この用水も里坊の領域をぬけて、井神通の北

八条通の用水

をはしる八条通を下っていく。八条通の町屋でもこの水を利用していた。この通りに居を構えている家々は延暦寺との関係が深いことは先に述べたが、この道を流れる用水路もしっかりした石組がなされていて、道路側に築造された石垣と共に町の景観を豊かなものにしている。町をぬけた用水はやはりその下の水田を潤して、北国街道の手前で先の用水と合流し琵琶湖に出ていく。

一方権現川は（藤ノ木川）は、比叡山東塔の南谷付近を水源として、東照宮と滋賀院の北側を流れ、川そのものが用水の役割を果たしながら琵琶湖に出るのであるが、滋賀院の下方と権現馬場の東端（作り道と交差する地点）でほぼ直角に曲がるという不自然な曲がり方をしている。

地図上においてこの川の流れを自然な形に戻してみると、その下に続く明良馬場（最初のカーブ）と金剛河原町（次のカーブ）の通りに

金剛河原の町並み

沿って流れていく。したがって、権現川はこの二つの通りのどちらかを流れていたとみられる。後に町づくりが行われた際に、川の流れを直角に曲げたと想定されるのである。とくに金剛河原町は権現川の河原の跡、もしくはその近辺に作られた新しい町ではないかと考えている。

この川は二度大きく曲がった後、松ノ馬場の通りに添って東に流れ、周辺の水田を潤しつつ金剛河原町の通りの延長線まで戻る。そして金剛河原町の通りに沿うようにしてそのまま琵琶湖へ出て行く。元の流路に戻った感がある。この川が不自然に蛇行しているのは明らかに人工的に改修した結果であり、用水として使用されたものと思う(図21・157頁、図23・180頁)。

権現川が自然の形で流れていれば、明良馬場もその延長線上にあるのだが、この通りは山王神幸道にあたっている。またこの通りには大神門社、和泉社、杉尾社、明良地蔵、福成社等の

藤ノ木川の流れ。里坊への水の取り入れ口がみえる

祠やお堂が並んでいるので、金剛河原町より古い時代に成立したとみられる。

　このほかに権現川から分岐した用水が一本確認できる。日吉大社入口の赤の鳥居の二〇〇mほど南側を行くと権現川に架かる権現橋に着く。この地点から川に沿って三〇〇mほど上流に取水口があり、川の南の縁を流れて慈眼堂の上方を大きく南に曲がり、権現馬場を横切ってさらに南に流れ、大和の庄に入っていく。この用水の用途は大和の庄の水田を灌漑するために設けられたという。用水は今日なお大和の庄の人びとが管理している。大和の庄は坂本の町と穴太頭が住んでいた高畑村との間に位置する集落である。

　用水と道路は町づくりの根幹をなす施設であり、今日的には基盤設備（インフラ）という表現があてはまる。坂本における石積み・石組の穴太衆の技術は石垣や高石垣の構築をはじめとして、古くは比叡山と京都・坂本を結ぶ道路の保全、そして坂本の町の重要な施設である用水路等の構築に関わっていたことが少しずつみえてきたような気がしている。石積み・石組は産業、経済、文化、そして生活の基盤になる部分を支えてきた技術であった。

大宮川上流から引いた水路。この水が日吉社の境内に入っていく

(2) 日吉社境内の水路

日吉社境内にも水路が計画的に敷設されている。境内の水路に関しては境内整備計画書が二度にわたり発行されているので、参考にさせていただいた。

水源は二か所あり、一つは西本宮の西方にあたる大宮川の上流部から境内まで水路を設けて水を引いている。もっとも高い所に鎮座する西本宮のその上から水路を二手に分け、片方は境内のほぼ中央部を流し、もう片方は西本宮・宇佐宮・白山宮の本殿の周囲に水を送り、その後二つの水路が合流して大宮川に注いでいる。

もう一つの水源は、東本宮の後方に祀られた大物忌神社(東本宮の父神)の背後から水が湧き出ておりその水を利用している。いずれも清らかな水である。日吉社の境内としてこの地が選ばれた理由は、比較的安定した地であったこと、石材が豊富であったことに加えて、清らかな水が得られるところであったからであろう。

境内を流れる水路は図15(95頁)で示しているが、山

東本宮の背後から湧き出る水。楼門前で西本宮からの水と合流して大宮川へ

王七社の本殿を取り巻くように水路計画がなされ、実に計画的な施工がなされている。この水路も石組がなされており、切り石と野面石が併用されている。水路の特徴をあげると町中を流れる用水路とは異なり幅が狭くしかも浅い。いずれも水深が一〇cmから二〇cmほどの浅い水路であるが、その幅の調節や石の使い方に細かな工夫がこらされていることに興味をひかれる。

たとえば本殿の周囲をめぐる水路には成形された切り石を使用し、本殿から離れると自然石をそのまま使用するという形をとっている。また西本宮から下に下るにしたがって、水路の幅を広くとっている。たとえば用水の取り入れ口は幅二四cm、西本宮の本殿に近づくあたりは三〇cm、本殿前は四〇cmであるが、下手の白山宮の正面は五四cmに広げている。下に下るほど水量が多くなるからであろう。

一方東本宮の水路をみていくと、大物忌神社の背後から湧き出た水は祠の西側を南（下方）に流れ、東本宮本殿の背面で本殿の東への流れと西側の流れに分けられ、本殿をまわって西側で合流する。さらに東本宮拝殿の西側を流れて

宇佐宮から白山宮へ向かう水路。野面石が使われている

本殿の背後に水がまわるように先端部の幅を狭くして水に勢いをつけている

一段下の樹下社の本殿と楼門をめぐる。楼門の西側で宇佐宮、白山宮、そして八王子山に鎮座する三宮と牛尾宮の遥拝所の前を通ってきた用水と合流して大宮川に向かう。

東本宮の水路で興味深いことは、この水路計画の中に神社の関係者、もしくは石工自身が何らかの意図をもって石組がなされていることであった。その幅と使用している石の処理が異なるのである。水源から東本宮本殿までは野面石を使用し、水路の幅は三〇cmから三五cmであるが、その幅を微妙に変えている。たとえば東本宮本殿の背後で水を二方に分けているが、その際にはさらに幅を狭くして水の勢いをつけ、T字形の壁にぶつけて左右均等に水が流れるようにしている。そして本殿の周囲は四一cmから四三cmの幅に広くしてゆるやかに水が巡るように配慮し、樹下社の方向へ流すときはまた幅を狭くして水の勢いが増すようにしているのである。

下流に位置する樹下社から楼門に向かう水路は幅四三cmに広げている。さらに興味深いことは、東本宮の本殿は背後まで十分な水がまわるよう配慮されているが、樹下宮本殿にはそのような配慮がみられない。本殿の前面に水がより多く流れるように石組に微妙な角度をつけているのである。このことは西本宮と白山宮の本殿との関係においても同じ状況であった。西本宮には皇室の神が祀られており、東本宮は西本宮に次ぐ神が祀られ、本殿の後ろには大物忌神が祀られているからであろうか。なお拝殿には水路はない。神が鎮座していないからであろう。

水路を構成する石積みも違いがみられる。水源に近い大物忌神社の背後から正面に至るまで野面石が使われ、その祠を取り巻く石垣も野面石であった。ところが東本宮本殿は、正面はもちろん背面についても切り石を用いている。樹下宮の場合は、東本宮側は切り石、樹下宮側は野面石を使用している。切り石は、規格に合わせて石の成形が行われること、形が整っていることから石組が整然としており、格式の高さを感じさせる。西本宮と同様、東本宮の格式の高さが用水の石組にも現れているのだと思う。

日吉宮境内に水路が計画的に敷設されているのは、信仰との関係が深いのではないかという。本殿の周囲に清らかな水をまわすことで清浄な状態で神を祀っているというのである。西本宮に参拝に来る人びとは大宮橋を渡り、さらに楼門の前の水路を渡ることで身が清められ、清浄な状態で神に接することができる。また東本宮の場合も同様で、二宮橋を渡り楼門を横切る水路も渡ることになる。境内に常に清らかな水が流れていることで、神聖な世界に入っていくという考えであろう。その根拠になっているのは、明治時代に至るまで日吉社には御手洗を設置していなかったという話であった（日吉大社禰宜須原紀彦氏談）。

（3）筧水道

町内を流れる用水とは別に坂本、下阪本、唐崎には、飲料水を確保するための筧《かけひ》水道が設置されていた。筧水道に関しては松野孝一編『坂本・下阪本・唐崎の水と生活』（二〇一八）を参考にさせていただき、さらに現場をみて歩きながら松野氏から直接ご教示いただいたことが基本になっている。筧水道は大宮川と権現川から引いているが、権現川の筧水道が先に整備されたようである。滋賀院御殿の脇を通る水道であったからかもしれない（図23・180頁）。

筧は懸樋《かけひ》ともいい、節を抜いた竹、もしくは芯部を刳りぬいて空洞にした管状の木材で、水を通す樋の役割を果たした。現在の送水用パイプと考えていい。この懸樋を主要な道路に沿って埋設し、水が必要な人は用水に近い屋敷内に水槽をつくり、もしくは大きな桶を置いて筧

樹下宮から東本宮の楼門に向かう水路

水道から水槽に水を揚げ、飲料水などに使用する。

里坊や一般の家庭ももちろん水は必要であったが、とくに旅館、酒や醤油の製造所、米屋、蕎麦屋、八百屋などの商店では、商売に関わる重要な施設になっていた。このような家では水槽にろ過装置をつけて使用していたという。この設備をそれぞれの里坊や民家が備えることで、飲料水を確保していたのである。

筧水道の設置年代は不明であるが徐々に設置が進んでいったようで、もっとも早かったのが権現馬場を流れる水道であったという。松野氏によると、元禄十（一六九七）年に「極寒によって水枯れ、その他源水も弱くなること、惣筧の修理の用銀は当坊によって準備すること。修理の時は必ず約束を守ること」という内容の生源寺文書が叡山文庫に保管されているという。

当坊とは樹王院、観樹院、千葉院、大智院という里坊で、当時西塔の北尾谷に属し筧水道の管理をしていたとみられる。現在存続している里坊は観樹院で、権現馬場の終着地点にあたる東照宮の下に位置している。また権現馬場沿いには東塔の各谷に属している里坊もみられるので、筧水道はその通りに位置している里坊や民家であれば塔坊の所在地に限らず利用することが可能であったのである。

この文書の中に「惣筧」という文言がでてくることで、元禄十年以前に筧水道が設置されていたことがわかる。現在確認されている里坊の古い棟札も元禄年間のものであり、年代がほぼ一致している。この水道は権現川から取水していたが、権現川の源流は西塔南谷にあたる。上記文書は延暦寺西塔南谷の学頭代あての文書であるので、南谷で水源を管理し、坂本においては先の四坊が管理していたことがうかがえる。学頭代は各塔に配置され、執行代の下で寺領の管理を行う役職である。

権現川上流から取水する筧水道の水源。数年前に護岸工事が行われた

次いで正徳十四（一七一四）年に樋大工の株仲間が結成され、作料などが取り決められている。樋大工仲間は筧水道を整備する職人組合である。その作料は当時の大工仲間、杣仲間、屋根葺仲間よりも多少低かったようである。また仲間の人数は明らかではないが、これらの職人によって筧水道の整備や修理が行われ、用水が守られていたのである。

筧用水から水を引くには、比叡山各谷の所轄官庁に願い出て、取水に関する負担銀、および必要経費の負担をする。一般の民家はもちろん、里坊においても同等の扱いであったという。また水槽やろ過装置を整備する費用も、たとえ里坊であっても各自の負担であった。ろ過装置は槽の下に砂の層をつくり、上から水を落としたものであったが、このような装置をもったのは里坊や大きな商人だけだったようである。それでも生水を飲むことはなかったという。

また町内を流れる用水も筧水道もやがては水田に入るのであるが、「余水を譲ってもらう場合、百姓であって

樋のつなぎ手。分水する場合は三方、もしくは四方に穴が開いている

もその必要経費を負担し、用水の助成をするべきである」とあるので、用水を水田に利用する農家の人びともそれなりの負担をしていたことになる。

現在は水道が普及しているので筧用水は撤去されている。そのためその痕跡を追っていくことは難しいが、明治七年に描かれた地図が残されている。それをみると水道の取り入れ口は用水と共通しているという印象がつよい。また水道の設置状況は、明治初期の段階で町なみが形成されている地域には行き渡っている状況である。

大宮川から取水した筧水道の設置状況を具体的にみていくと、西（比叡山）から東（琵琶湖）に向かって、井神通りの大神門まで、その北の梅辻・八条通りは比叡辻の手前まで、さらに北の八条通りと並行して走る道沿いは倉園神社まで、そして作り道から東へ伸びる明良馬場に設置されている。

また南北の通りは樹下橋から日吉馬場まで、日吉馬場の里坊である律院前から滋賀院前まで、横小路と日吉馬場を横切って作り道を御殿馬場まで、そして北辻子・蓮華辻子・瓢箪辻子を明良馬場まで、もっとも南側には大乗寺町と泉町に設置されている。このようにしてみていくと、現在の古い街並みとほぼ合致しているようである（図23・180頁）。

里坊や家庭に配水されるシステムは以下のようである。水道の各所に砂を詰め込んだ大きな樽を入れ

筧水道のろ過装置。とくに食堂、旅館、醸造業には必須のものであった

て濾化した後、スギ、もしくはタケの樋で引水する。樋の長さはだいたい七mほどなので、スギやマツで作ったつなぎ手を作って延長していく。つなぎ手の大きさは二一cm角ほどの角材に樋を通す穴をあけたもので、各家に水を引く場合はT字型に三か所の穴をあけている。通水用は直径六cmほどの穴と引き込み用は四cmほどの穴であったようだ。このシステムはよくできていて、水の圧力で二mほど水を揚げることができたという。

また一つの樽で一般民家では二〇軒ほど、里坊は一つの坊で一つの樽の水を使用できたという。近年の話になるが、大きな商店では独自に水をろ過する装置を作り、家まで水を引いていた。それでも足りない場合は井戸を掘って補給していたという。

筧水道が設置されている地域は井戸の数が少なく、地図上には八か所しか記されていない。それも滋賀院、生源寺、明良地蔵、御田神社、倉園神社の境内地、一部の公人屋敷、そして米屋や飲食店、醤油蔵など大量に水を必要とする商人が個人的に掘った井戸であった。滋賀院と生源寺の井戸は緊急用の井戸であったので、普段は使うことができなかったが、その他の井戸は一般の民家でも使用できたようである。

筧水道は昭和二十三（一九四八）年頃まで使用されていたという。たいへん興味深かったことは、当時のことをおぼえている人が多く、生き生きとして話をしてくれたことで、当時も水は大切なものであったこと、また正徳十四（一七一四）年に樋大工の株仲間が結成されるのであるが、その当時から樋大工をしていた子孫の方が現在水道工事会社を経営しているという話であった。技術は時代を経るにしたがって発達していくものである。その変化を受け入れながら新しい技術を獲得し、代々その家の伝統が受け継がれてきたこと感じた。

町内および日吉社境内を流れる用水と筧水道をみてきたのは、坂本の町が計画的に建設がすすめられた証になっていること、そして日吉社の再建や里坊の建設をはじめとして、用水の設置に関してもさまざまな形での石組がみられた。そのことから穴太衆などの石を扱う仲間や大工仲間、樋大工仲間など、歴史の表舞台に登場してこない多くの人びとの陰の力が大きかったことが理解できるからであった。

5　坂本にみる石積みの変容

(1)　石積みの町の石垣

日吉大社境内や坂本の町にみられる石の構築物は、各種石垣や高石垣をはじめとして里坊や一般民家の庭園、用水路、石段、石橋、敷石、建物の土台、灯篭、鳥居などがあり、それぞれ石の加工方法が異なる。したがって施工に携わる石工も異なる。また同じ石垣や高石垣に用いる石であってもほとんど加工していない野面石、大きな石を割った割石、表面を成形した打込み石、隙間なく積むことのできる切込み石などに分けることができる。このうち坂本でみられる多くは野面石と割石であった。

野面積みの石の使い方は二種類あったことはすでに冒頭で述べた。野面石は河原に転がっている石や山の中に埋まっている石で、一個の石として完結しており、その多くは角が取れて丸みを帯びている石であった。このような石を丸ごと使う場合とアラワリして使う場合があった。穏やかな印象を受ける石垣に仕上がるので、民家の低い石垣に適しているという。また横穴式古墳や古代に築かれた朝鮮式山城や戦国時代に築かれた山城などはほとんど成形していない野面石を多用していた。これらの山城は豊富に石を産出する山に築かれたという大きな特徴があった。

金田城（長崎県対馬）に使われている野面石

一宮城（徳島市一宮）で使われている野面石

割石は岩山の石を切り出したもの、または大きな岩を割って成形した石材である。現在でも河原や山中にはそのような大きな岩があり、しかも平たく割れるような筋の入った石も少なくない。丸っこい石を拾い集めるよりも大きな岩を切り出す方が大量生産が可能であり、ある程度形を整えることができる。このような石を使うと石積みの工期を短縮することもできるようである。

坂本において、近世以降多用されてきたのはこの割石であった。さらに時代が下がると、ほかの地方では打込み石や切込み石が使われるようになっていく。打込み石は石の表面が成形され、形もほぼ整っている石、切込み石はさらに成形が進み、石積みをした際には石と石の結合部分に紙が入る余地もないような石材である。

このような形で加工された石は石材の産地、つまり大量の石を切り出すことのできる石切り場があって、専門の職人によって切り出され、流通ルートに乗った石材であると考えていいであろう。近江地方の場合は湖西では比良石、湖東では近江八幡から東近江地方の石が知られていた。いずれも花崗岩系の石であった。

坂本の町でとくに里坊が存在するエリアでは、この割石を使用した石垣が比較的多いようにみえる。石工が好みの石材を選び、大きい石とそれ以外の石を巧みに使い分けることで造形的に調和を重視して構築された石垣である。丸っこい野面石とは異なり、ある種の緊張感が伝わってくる。近世に入って徐々に世の中が安定し、石材の商品化が進み流通するようになると、石工の裁量によって好みの石を選び表現の幅を広げることが可能になったのだと思う。

先に「延暦寺や日吉社に対して、里坊や坂本の町の復興は遅れることになる」と記した。戦国時代末期から近世初期にかけて、延暦寺や日吉大社境内の整備、堂宇や社殿の建築が先行していった。そして町の復興が行われるまでの一〇〇年ほどの間に、社会情勢や経済情勢が大きく変化し、さらに職人技術や道具の進化がみられたのではないかと推測している。とくに里坊が増加していく近世前期から中期にかけて築造されたとみられる石垣をみていると、それぞれの石垣に個性がみられ、その個性は石垣の築造を担当した穴太衆の個性が出ているという印象を受けている。

清らかな流れのなかで美しい布が波打つような里坊の石積み
(上／律院　下／旧竹林院)

粟田純司氏がもっとも好んだ石積みは布積みであったという。ここでいう布積みは野面石の横石積みと同じ工法である。したがって基本に忠実であることはもちろんであるが、ただ水平に積むのではなく、たとえば美しく染め上がった反物を透き通ったきれいな川に浮かべたときに生ずる形をイメージして石を積むのだという。川の流れに逆らうことなく波を打った布の形で

野面石を使用した彦根城の石垣

ある。このような石垣は今日の里坊の石垣のなかにみることができる。

町全体が整然として統一感があるのは、はっきりとした目的を持った町の全体計画があり、石垣の築造方法が統一され、それが美しい街並みにつながっているのであろう。これも推測にしかすぎないが、町の全体計画にすぐれた知恵を発揮した人、もしくは団体があったのではないか。それは石垣だけでなく、用水や筧水道の計画にも表れているように思うのである。

それぞれの石工が石と真剣に向き合うなかで、堅固な石積みを基本的な約束事としつつ、それぞれの石の個性が発揮できるような石垣の構築を実現していった。その石垣のなかに石工の生き方が反映されているのだと思う。激しく動いた時代、人びとの暮らしがより安定に向かった時代、そのような時代の流れのなかで本来の石垣の役割を保持しつつ、石積みの世界が大きな展開をみせ、今日の坂本の町を特

切込石を使用した彦根城の石垣

色づけていったのであろう。

城壁に関しても同様であったことがうかがえる。たとえば彦根城や徳島城の初期の築造とみられる石垣などは戦国期以前の形を残しているような積み方であり、また後に築造もしくは修復されたとみられる石垣は、現在の坂本の町を連想させるような造形的な美しさや工夫がみられる。近世も中期以降になると、石垣や城壁の表情に変化が起こっているのは確かなことである。

里坊の石垣は内と外の二重になっていることはすでに記してきたが、その幅が六〇cmから九〇cmほどもあり、そこに土塀を築きまた常緑樹を植えている例が多い。このような景観が統一感のある町を作り出している。堅牢な石組を行うことで権威を高めていることも大きな特徴であろう。また近世において戦争はなかったものの、火事や天災は多く発生した。石垣の町は災害に対する防御も想定していたと考えるのである。

今日においてもいったん大雨や長雨が続くと、坂本の町は道路が川のようになって水があふれる状態になる。道路が用水路に変化するのである。古くから坂本に住んでいる友人によると、以前は大雨が降った時などは怒涛のように水が流れていく音と、大きな岩がゴロゴロとぶつかり合う音が同時に聞こえてきて、それはとてもすさまじく恐ろしかったという話であった。防災を含めて坂本の町にとって石垣は、多様な役割を果たしてきたこと知るのである。

(2) 坂本の町を支えてきた人びと

粟田純司氏によれば、石積みの仕事は石垣、城壁、擁壁等、土木事業に関わる仕事を中心としており、石材の成形や彫刻などは別の石工の仕事であった。一三代目万喜三が使用していた主要な道具はゲンノウ(ハンマー)であって、ノミやコヤスケなどの道具類はほとんど使用しなかったという。そのことが古くから続いてきた石積みの仕事を象徴しているように思う。野面石積みの豪快さは石の組み合わせと道具の使い方に特徴があったのである。そして特別な石の成形が必要とされた場合は、灯篭や供養塔などを専門とする石工との共同作業を行ったという。

石垣の築造をはじめとして、町の主要部分の屋敷の造成、用排水路計画などにおいても、石積みを担当する石工以外に仕事を分担する職人が携わった形跡が濃厚に残っている。たとえば日吉大社境内の石積みを例でみてきたように、水路、土台、敷石、石段などに野面石と割石、そして打込み石・切込み石との併用がみられた。しかし石積みを専門とする以外の石工の存在は十分確認ができておらず今後の課題となった。

専称寺の石垣（写真・山口幸次氏提供）

坂本の町の石積みを担ってきた職人集団として可能性が高い地域は、権現川（藤ノ木川）の南側、そして大宮川の北側に住んでいた人びとではなかったかと想定している。先に示した江戸後期から明治時代にかけての坂本における町人の職業をみても、石工の存在は見出すことができないからである。

旧高畑村に石工の株仲間があって、江戸時代を通して一二軒の石工で仲間を構成していたことはすでに記している。高畑村は権現川の南側に位置する地域である。これらの石工が延暦寺や日吉社の仕事に従事した可能性は高い。その理由は二点あった。穴太衆とよばれる人びとは長い歴史の中で、比叡山や坂本との関係を築いてきたことはすでにみてきたところである。加えて穴太頭が居住していた地域は農村地帯が広がっており、農閑期には豊富な労働力が確保することができた。穴太衆は一人の頭と二、三人の石工、そして多くの補助作業をする人びとが確保できれば、石組の構築は可能であった。農業を生業とする人びとにとっても、農閑期の仕事があることはありがたいことであった。

大宮川の北側に住んでいる人びとも同じような条件があった。あまり知られていないが、この地域にも穴太頭に匹敵するような腕のいい石工の頭がおられたという。その名残がみられるのは専称寺という浄土真宗の寺の石垣であった。延暦寺をひかえて天台王国である坂本の地に浄土真宗の寺が存在し、しかも立派な石垣を築いているのである。残念なことに今日では古い石垣はみることができないが、新しい形での石垣が築かれている。

またこの地域で特記できることは、坂本地内の里房に出入りし、個々の里房とのつながりが深い家が多いことであった。近年まで懇意にしている里坊の庭の手入れや種々の仕事をしてきた地域であったといわれている。坂本の町を維持していくために、二つの川の外側の人びとの力が大きかったことを知るのである。延暦寺と日吉社の存在と、二つの川を挟んだ地域の人びとが互いに支え合ってきたことが、聖なる世界と人間の生活が可能な場所との間に立地する坂本の町が形成されたことを知るのである。

第4章　日本の都市像と坂本の町

1　上坂本と下阪本の立地

(1) 瑞穂の国に成立した町

坂本の町を語る際にもっとも基本的なことは、下阪本が琵琶湖に近い領域を占めていること、上坂本は比叡山の東麓に位置していることであろう。また、比叡山はさほど高い山ではないが、山裾から琵琶湖までは二㎞あまりの距離でその標高差が八〇ｍほどになる。今回修復工事が行なわれた東本宮の標高は一五七ｍほどであった。琵琶湖に近づくにつれて多少の平地がみられるが、その間ほとんど平地を持たない。この上坂本と下阪本の自然環境が町の形成に大きくかかわっているのである。

日本において、都市とよばれる共同体はいつ頃成立するのだろうか。この国は瑞穂の国であり、稲作を中心とした農業が国を支えてきたといわれている。その根拠として、日本の祭りの多くは五穀豊饒を願うもの、ということもいわれてきた。しかし五穀豊穣を願い実現することが、農村にとっても都市にとてもより豊かな暮らしを望むことができた。都市に住む人びとにとっても五穀豊穣は大きな願いであったのである。ここでは坂本の町を通して都市の問題をみていくことにしたい。

坂本は都市（町）なのか、もしくは農村なのかという疑問に、坂本の町自体が答えてくれているように思う。比叡山の山裾から琵琶湖までの山裾の広い一角を日吉社の多くの社殿が立ち並んでいる。そして湖までは斜面が続いている。屋敷を構えるにしても耕地を開くにしても、まず平地を造成する必要があった。平地にくらべると条件がよくないとみられるこの地域に、上坂本と下阪本を合わせて二〇〇〇から三〇〇〇の家が立ち並んでいたという時代があった。人口にして一万人を上回る数になるという報告もあった。

このような自然条件の中では、多くの世帯が農耕を軸にした暮らしをたてることは不可能である。もちろん食料を得ることは生活の基本であるから、自給できる分だけでも穀物を栽培していた。しかしながら食糧生産に加えて何らかのモノづくりを行う、あるいは作られたものを別の地域に持っていき食料と交換する。つまり物を作る行為と商行為がともなわないと、多くの人が坂本のような農耕には適していない土地に定着することは難しいことになる。

(2) 網野善彦・都市発生論について

歴史家でありとくに中世史を専門にされた網野善彦氏は、都市の発生と発展について以下のようなことを記している。

1、河原、中洲、浦、浜、山の根、境、峠等、人間が住む場所としては条件の悪い所。

2、都市のできる場は、無所有の自然、聖なる世界と人間の生活が可能な場所、つまり世俗の世界とのちょうど接点にあたる場所。

3、そういう所が、神仏が及ぶ場所であると当時の人はみていたようである。

4、十二世紀から十三世紀の頃に入ると、このような場所にいろいろな施設ができ、町の先駆的形態が日本列島のいたる所に現れる。いろいろな施設とは、墓、市、津、泊、宿、神社、寺、関などである。

5、そこに集まってくる人びとは「道々の輩《やから》」と言われた芸能民や手工業者、商人などである。これら非農業民の中の主だった人びとは、神に直属する神人、あるいは天皇に直属する供御人、仏に直属する寄人という身分を与えられていた（網野二〇〇三）。

網野善彦氏の都市発生論を私なりに理解すると以下のようになる。河原、中洲、浦、浜、山の根、境、峠など、人間が住むにはあまり条件のよくないところに初期の都市が発生する。そこは人間が住みやすい場所と聖なる神が存在する場所との境にあたり、自然の脅威にさらされることが多い所であった。自然界に存在する神の力は非常に強く、ときおり大きな災害を引き起こして人びとを悩ませた。そこで人びとは神に祈りを捧げて自然からの脅威を取り除こうとした。一方自然は食料をはじめとして、人びとに多くの生活資材をもたらしてくれる存在であった。その自然は神が支配しているもので、大事なものを神からいただくという考えが伝統的な考えとして継承されてきた。

やがて十二世紀・十三世紀頃になると、このような所に墓、市、津、泊、宿、神社、寺、関といった施設ができるようになり、そこに「道々の輩」と言われた芸能民や手工業者、商人など人が集まってくるようになった。これらの人びとは身分保証が必要であったために、神や仏、高貴な人びとのお墨付きを求めるようになった。それが神人、供御人、寄人などとよばれた人びとであった。

市、津、泊、宿といった場所は交易が活発に行われた所で、交易による利益と、関を置くことによってさらに経済的優位に立つことができた。そのため「道々の輩」も、また「道々の輩」に身分保障を与える側も積極的に組織化をはかったのである。その事例として日吉神社は平安時代の末から鎌倉時代のはじめに、琵琶湖大津を中心にして、北陸道全体に力を持つ北陸道日吉大津神人という巨大な神人の組織を形成していた（網野二〇〇三）。北陸に日吉神社が多く存在することはすでに述べてきたが、日吉の神を背景に、活発な経済活動が行われていたのである。

さて、上記の事柄を坂本の町にあてはめてみたらどうなるであろうか。上坂本は比叡山の東の山の根にあって、大宮川と権現川にはさまれた斜面に立地している。金剛河原という地名が示すように大小の石が地を覆い、当時の上坂本は人が住める状態ではなかったのではないか。安全な場所は花崗岩を地盤とする八王子山の裾野のあたりであり、横穴式円墳が群集しているところであったであろう。その比較的安全な場所に日吉社の社殿群が立ち並んでいる。そこは聖なる世界と人間の生活が可能な場所との接点、と考えていいのではないか。その下に神仏に奉仕する人びとによる「伴」が形成される。

境内の一番近い所に神体山である八王子山がそびえ、比叡山を守る神として大山咋の神をいただいている。現在なお八王子山には神の依代として金《こがね》の大磐《おおいわ》とよばれる巨岩が坐しており信仰の対象になっている。その下には大山咋神の荒魂を祀る牛尾神社が祀られている。さらにその麓に里宮である二宮（東本宮）が祀られている。大宮（西本宮）はその後に祀られた天皇家が崇拝する神である。人びとはこの神々に感謝をして毎年日吉山王祭という盛大な祭りを行う。

日吉山王祭を主導する者は公人であり、中世においては「山徒」とよばれていたことは先に述べた。近世に入ってからの記録であるが、公人の元で神輿を運行する駕輿丁をはじめ、さまざまな行事に関係する人びとは、大工、石工、左官、屋根ふき、塗師、桶屋、鍛冶屋などの手工業者であり、また比叡山の樹木の伐採・搬出など山仕事に携わる人びとや、酒屋、醤油屋、材木、日用品等を扱う商人が中心であった。やはり比叡山や日吉社を支える人びとであった。これらの人びとは山の根から少し斜面が緩やかな所に町を形成し、多少の農地を耕作して生計を立てた。

先に示した図19（147頁）のなかには、芸能集団として、上坂本の地内に明良宮獅子、勧進神楽、在地講、そして下阪本には談義物とよばれた芸能関係の集団が居住していた場所が示されている。どのような集団であったか明らかにできていないが、これらの人びとも「道々の輩」の仲間であったであろう。今日においても元旦の大戸開きや山王本宮講、日吉山王祭など、年の節目に行われる大きな儀礼や祭礼には伝統芸能が披露される。

大戸開きは元旦の朝五時から松明の明かりのなかで、西本宮で謡曲「日吉の翁」、東本宮で「高砂」が観世流片山社中によって奉納され、十一月の山王本宮講の講員大祭では茂山千五郎社中による狂言の興行が行われている。観世流能楽師による神能神事は一月六日に行われていたものであるが一時中絶し、明治二十（一八八七）年に大戸開きに行なう芸能として復活したものであるという。

また日吉山王祭の二日目の夜（四月十三日）、「宵宮落とし」という行事のなかで、そして十四日は日吉馬場で獅子舞、田楽の「綾織り」が披露されるなど、祭りや行事のなかに「道々の輩」の伝統が今日なお継承されている。このような芸能民や手工業者、商人などが集まっていたのが坂本の町であった。

一方下阪本村は琵琶湖のほとりに立地している。そこは四谷川と大宮川の河口にはさまれた地域であり、災害に遭いやすい場所であった。明治二十二年に作成された二万分の一の地図をみると、山のすそ野に滋賀里村、穴太村、上坂本村などの村がみえ、北国道に沿った湖側に下阪本村がみえている。しかし北国道と山裾までの間は永荒田・雑草地・水損地と書かれた地帯が続き、山裾に近い所だけに耕地が開けている様子がわかる。

日吉山王祭では獅子舞など「道々の輩」の芸能がわずかながら継承されている

浜から一・五㎞ほど上手（西側）のあたりまでは湿地帯と記された地帯があり、琵琶湖の増水や比叡山からの土砂流により、田畑にならなかったという。つまり、下阪本は琵琶湖に浮かぶ島のようなところに立地していたことがわかる。まさに河原、中洲、浦、浜という条件の土地であった。『多門院日記』によると十五世紀後半にはこのような土地に、一五〇〇軒ほどが集住する町ができていたのである。

琵琶湖の水辺は三津浜（今津・戸津・志津）の港をひかえていた。現在の状況から判断して、これらの津は直接大きな船が接岸できなかったとみられるが、浜から船まで足場

七本柳とよばれる浜から船渡御に出発する神輿

板を渡す、沖合の大きな船との間を小さな舟で往復する、また栈橋を架けるなどの工夫をすれば荷物の上げ下ろしは可能であった。二つの川の河口も川港として活用されたであろう。またその北に位置する比叡辻には、中型の船が接岸できた若宮港が存在していた。この港は古くから御津とよばれていた（図18・144頁）。

いずれも北陸との交易の中継基地であり、またこの港には船を使って延暦寺や日吉大社の参拝する人びとで賑わったところであった。この沿岸には七本柳とよばれる浜があって、そこには日吉社の象徴である山型の山王鳥居が建っている。山王祭三日目の船渡御は、この七本柳の浜から神輿を載せた船が唐崎神社の沖に向かって出て行くのであるが、その時に使う船を格納するための船小屋がこの浜に並んでいたことが地図に記されている（図21・157頁）。

下阪本から比叡辻にかけての湖岸には、北陸道に沿って商人や馬借などの居住地が並んでおり、四ツ谷川の河口には山門湖上七関とよばれる関が設けられていた。この沖を通行する船から通行料を取っていたのである。またこの地域にも人びとの暮らしと生産活動を守る山王境外社が多数鎮座している。上坂本、下阪本、そして比叡辻という領域の中には境外社が二四社祀られている。下阪本も日吉社と密接な関係の中で存在していたことがわかる。

2　自治体としての都市

(1) 自治という考え方

このようにしてみていくと、上坂本も下阪本も驚くほど網野氏の都市発生論と符合する要素が多い。そこに経済活動を基盤とした町が成立すると、町の性格として、人びとの生活や経済活動を破壊するような災害をいかに防ぐことができるか、また合戦など大きな暴力によって、町や生活が破壊されることをいかに防ぐことができるか、という大きな問題が生じてくる。

つまり経済・流通に関わる権利、そして自らの家族や町を、自らが守る自治という考え方が芽生えてくるのは自然のことであろう。いわば受益者負担というもので、何らかの形で便利さや利益、安全性が得られるものに関して、相応の負担をするという考え方である。坂本の町が堅固な石垣で囲まれ、町の人びとによって美しく管理されている状況をみていると、本来の意味での自治が継承されていることを感じている。

もちろん、かつての日本人が認識していた自治は農村や漁村でも伝承されており、今日なお部分的にその形を残している。その上で坂本の町をみていると、かつての受益者負担を前提とした自治が、堅固な石垣で囲まれた町の形を典型として、具体的に姿を現しているという印象を持っている。

自然災害に対しては、人間の力を超えるような大きな災害が起こらないように、神仏に祈願した。これも日本各地でみられた現象であるが、とくに両坂本においては切実な問題であったに違いない。上坂本と下阪本が置かれている自然環境が多くの神々を祀ることになり、そのなかで信仰心の厚い心が培われていったのではないか。

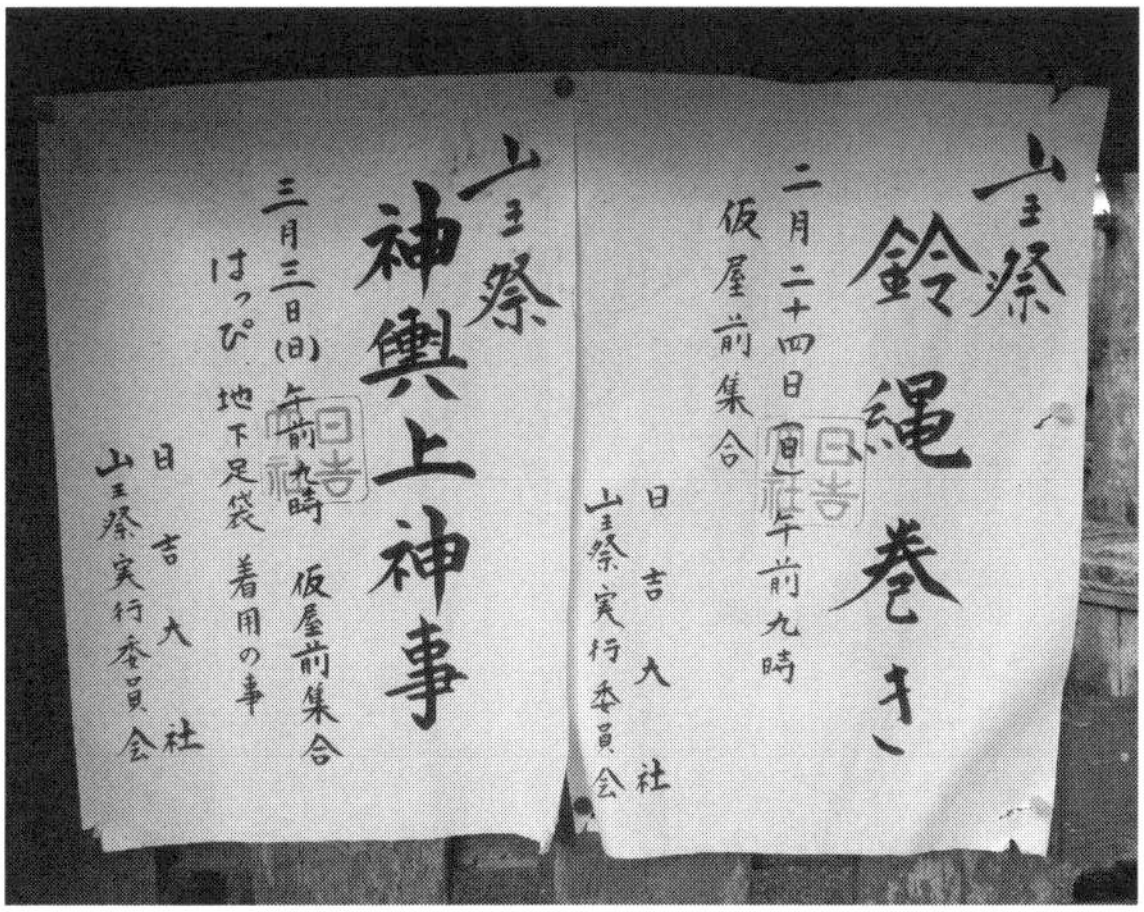

各駕輿丁には日吉山王祭準備のためのビラが掲示される

例えば上坂本の御田神社では、正月の綱引き神事とトンド、二月祈年祭、五月例祭、七月土用祭、十一月新嘗祭が行われる。これだけみているとほかの地方と何ら変わるところはない。しかし祭りの規模は異なるものの上坂本には氏子を抱える神社を二〇ほど数える。それらの神社が毎年同様の祭りを行い、しかも五月二日、三日は二〇ほどの神社が一斉に祭りを執行するために町中が祭り一色に染まることになる。これを惣祭りといっている。

さらに各神社の氏子は日吉大社の氏子の一員であり、山王祭をはじめとした日吉社の種々の祭事にも参加するのである。山王祭は一月から準備が始まり四月十五日に終わる。準備から後始末まで四カ月ほどを要する大きな祭りである。両坂本を含めて二四もの神社の氏子が、日吉山王祭を支える駕輿丁の母体になっている。山王祭の駕輿丁は四組あって、毎年交代で当番の組が執行部を形成するのだが、そのうちの三組が上坂本にあり残りの一組は下阪本が構成している。

毎年1月14日の夜半に行なわれるお日待ち。この組では愛宕講と伊勢講もまとめて行っている

このほかに延暦寺が行う多くの行事や講が継承されている。すべて行事が自然災害や疫病退散等の祈願に関わるものではないが、このような行事は今日なお続いており信仰の深さと歴史の長さを感じている。長い間祭りや行事が継承されてきたことは、それを支える人びとの組織も継承されてきたことを意味している。坂本には今日なお、地縁関係を保持してきた組織が重層的に存在しているのである。

ここでは坂本の地縁組織については紙面を割くことができないが、「お組」とよばれる小さな集団から「駕輿丁」に至る大きな組織まで段階的に構成された人と人、家と家を結んでおり、大きな祭りを支える仕組みができている。興味深いことは坂本の地縁組織は今日なお生きていることである。このような人間関係は煩わしいという人もいるようであるが、とくに地震や大雨、土砂崩れなど緊急非常事態が生じたとき、連絡網として機能している。単に危険な情報を伝えるだけでなく、お年寄りの夫婦や一人暮らしの家庭など隣近所の情報を皆が持っているので、きめ細かな配慮と救援体制がとれるようになっている。古い形での自治の組織が人びとの心の支えになっているのである。

（2）民衆の力

今日の坂本の町が美しく保たれているのは民衆の厚い信仰心であり、神仏に奉仕する気持ちであろう。坂本のような規模の大きな寺社が存在する地域で暮らす人びとは、神仏に対して特別な接し方を継承してきたように思う。坂本には延暦寺、日吉大社のほかに西教寺、来迎寺、専称寺等の大きな寺があり五〇ほどの里坊が存在する。日吉大社には上七社、中七社、下七社を含めて四〇社が祀られ、各町内には二〇もの鎮守が祀られている。さらに日吉系の神社を含めると一〇八社にも達するという。

このようなたくさんの信仰物に取り囲まれていることは、神仏に接する機会が多いことでもある。人びとはその機会を自然なかたちで受けとめ、それが今日なお日常化していることをつよく感ずる。神仏の恵みを日常的に受けとめることで、神仏に対する奉仕も強要されることなく自然なかたちで行われていることを感ずるのである。

たとえば千日回峰行の行者を支える講として、京都側と坂本側に「息障講《そくしょうこう》」という講がある。この講は行者を側面から支える講で、とくに京都大回りを行う際には先達を務めなど行者のお供をする。お世話をするというよりもお世話をさせていただくという気持ちがつよいという。また行者のために朝食、昼食、お茶などを提供する家もある。京都大回りは回峰行の八〇一日目から九〇〇日目まで、比叡

千日回峰行者と行者を支える人びと

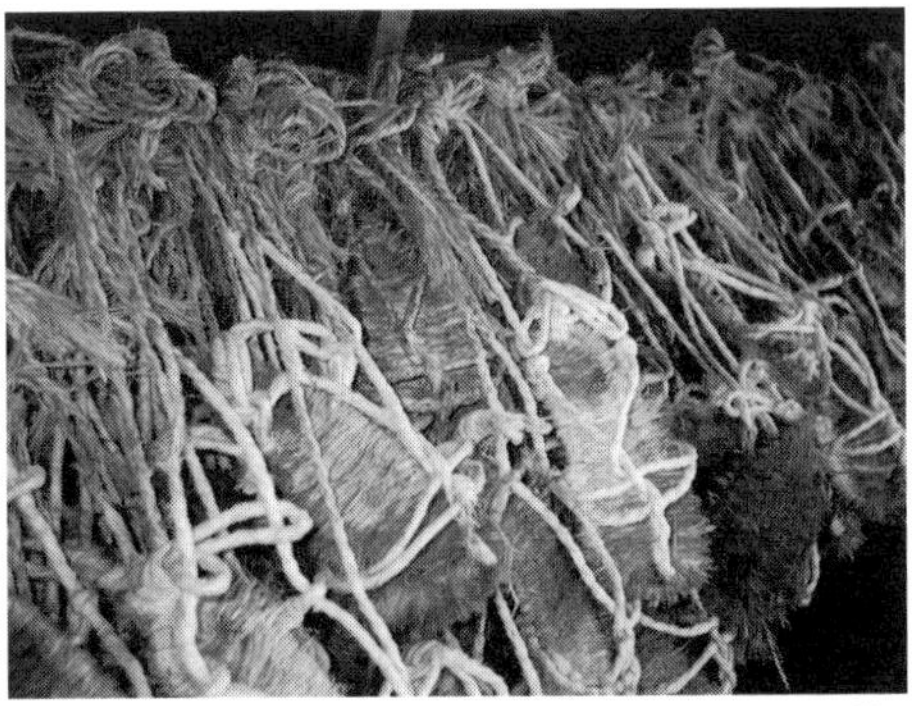
千日回峰行者のために信者が準備したたくさんの草鞋

山中と京都市中の約八四㎞をめぐる過酷な行である。まるで飛ぶようにして走るので、ついていくことがとても難しい。

京都市中にも信仰の厚い人が多く、行者が来るのを待って膝まづき、頭を下げる人が絶えない。行者はこれらの人びとの頭に大きな数珠次々おいて通り過ぎる。

坂本側の「息障講」の講員のほかにも一般の人びとの間

施餓鬼供養で御詠歌を唱える婦人たち（旧高畑村浄光寺）

でも行者に奉仕する人びとは多い。たとえば横川飯室谷の行者は所属の寺を出るのが夜中の十二時を過ぎたころであり、坂本におりてきて日吉大社へ、その後比叡山にのぼって神仏すべてに経をとなえ、山を下りてくるのは朝七時すぎになる。そのころには数人の奉仕者が待っていて、草鞋を脱がせて足を洗い、洗濯や掃除などをしてお世話をしていた。行者道の整備やわらじの提供など、毎日、行をする行者のお世話をさせていただいているのである。

また坂本には御詠歌を唱える民間の団体で「無《む》窮《く》碍《げ》楽《がく》舎《しゃ》」という集団がある。無窮碍という名称は、無窮《むきゅう》と、無碍《むげ》という思いが込められているという。無窮は「無に極まる」、「無碍」は「何もないところから始まる」という意味であり、煩悩に惑わされませんように、という願いが込められているという。また「楽舎」は音楽を楽しむという集団といった意味である。

一方「ムクゲ」は、韓国の国花であり美しい花である。よって無窮碍楽舎の名称には、仏教は朝鮮半島を経て日本に入ってきた、という思いも込められているようである。

8月23日の地蔵盆は町のあちこちで行われる

この集団は、とくに延暦寺主催の仏教儀式には必ず出席して御詠歌を唱えることで、会場の荘厳な雰囲気を高めていく。その後僧侶たちが入場して儀式を行うことになる。お盆の時期になると毎日数回にわたって儀式が行われ、とくに八月十八日は伝教大師最澄の生誕感謝のための儀式が盛大に行われるので忙しい毎日が続く。

このほか一月と春と秋の彼岸に仏教儀式が集中するが、そのような時も毎日欠かさずにご奉仕をしている。御詠歌を奉仕する団体以外にも、延暦寺の儀式がある日は大勢の人びとがお参りにやってくる。そして儀式が終わった後で僧侶たちと参加者が会話している姿があり、仲のいい友人のような親しさを感じているようである。

盆が終わるとすぐに地蔵盆がやってくる。地蔵さんをきれいに飾り付け、さまざまな供え物をする。屋台には子供の名前が書かれたたくさんの提灯を取り付け、その前で子供たちやお年寄りが輪になって数珠廻

地蔵さんのために毎日お茶を取りかえる

しをする光景は、町のあちこちでみることができる。地蔵さんを自宅でお祀りしている家も少なくない。田畑を耕作している際に、石仏がでてくることが多く、人びとはそれを持ち帰り丁重にお祀りするのである。

坂本の地蔵盆は八月二十三日に各町内で一斉に行われる。日吉大社にも地蔵さんが祀られていて、二十四日は日吉社の地蔵盆に参加するからである。このときは神主が地蔵菩薩像の前で般若心経を唱えるという変わった光景がみられる。

この稿とは直接関係のないことであるが、日吉山王祭などには延暦寺の座主が十数人の僧侶を伴って日吉宮のお参りをする。座主が本殿の前に立つときは神主用の履物を履き、般若心経を唱えて五色の御幣をお供えする。いずれも神仏習合の名残が残っている数少ない行事である。十数人の僧が本殿の前で般若心経を唱える光景は、ほかの地方ではなかなかみることができないであろう。

またこの町では公人が組織していた山王講のほかに、町の人びとは愛宕講と伊勢講が継承されている。毎年一月、五月、九月に日待が行われ、宿は家の並び順に回り、翌日の朝日が昇るまで宿ですごし

とくに桜と紅葉のシーズンは町を清掃する人の姿が絶えない

たという。今日では正月にまとめている地域が多い。また愛宕講に関しては代参が行われている。その年の代表者が京都の愛宕さんにお参りして、構成員の数だけお札とシキビをいただいてくるのである。現在ではかなり簡略化されているが、一月十四日の夜はどこの町内でも夜が更けるまでお日待ちが行われている。

地蔵さんや観音さんの小さな堂には、いつも新しい花と供物が添えられているし、道行く人が手を合わせる光景も珍しくない。朝と晩には時刻を知らせる梵鐘の音が町中に響き、とくに信仰の厚い家からは鐘や木魚の音、読経する声が聞こえてくる。

境内や参詣路を清掃する人びとの姿も毎日絶えることがない。とくに春の桜と秋の紅葉は人びとの目を楽しませてくれるが、その後の清掃がたいへんなことになる。人びとは自分の家の前はもちろん、神社やお堂のまわり、長い参道などを清掃する人びとが絶えない。このようなことを書いていくと、とりとめがないほど多くのことが当たり前のように神仏に対する奉仕が行われている。「長い間あまりいいことはしてこなかったので、これから先の人生は短いけれど少しでも奉仕をして心を軽くしたい」という人もおられた。これが坂本の町の日常の光景なのである。いい意味での日本の古い町や村の姿を継承しているのかもしれない。

今日の坂本の町で石積みを行う職人は石工は粟田家だけであるが、大工、左官、屋根屋、庭師、塗師などの職人が多くの寺社および町屋との関係を保ちつつ、町内外で頼まれた仕事をしている。先にみてきたように、里坊の多くは広い屋敷の中に住まいや庫裡が建てられ、美しい庭を配している。町屋においても規模は異なるが、伝統的な日本家屋と庭を備えている家が少なくない。このような町を守る職人が多いことも坂本の特色である。

多くの寺社との関係、また町内においては、もちろんただ働きをすることはないが、それぞれの特技を生かして奉仕のために働くこともあるという。このような信仰心の厚い人びとが坂本の寺社や町を支えてきたことは特記しておく必要があろう。

おわりに——石積みの作業を終えて

二〇二〇年四月上旬から始まった粟田氏の石積みの作業は、五月十二日でひとまず終了した。ほかの仕事との兼ね合いがあって毎日作業していたわけではなく、作業日数は準備期間や石の集積場に通う日数を加えて三週間あまりであった。屋敷の東側と北側を囲む石垣はそれぞれ一四mほどの長さ、一番高いところで高さが一・九m、低い所では八五~九〇cmほどであった。道行く人びとのなかで、大きな石を自在に操りつつ進めているこの工事に興味を持った人が多かったようで、「たいへんな作業ですね。何を造っているのですか」という質問を投げかけると、「塀を造っています」という返事を返していた。塀を造っていることには間違いはないが、普通の塀であれば四、五日もあればできる工事であろう。

また東本宮の修復作業は二〇一九年に解体作業が行われ、石積みの作業は二〇二〇年九月十一日からはじまり、十二月中旬に竣工している。修復した部分は東面と南面を合わせて幅が一五mほど、高さは高い所で四mほどであった。この時期は天候がすぐれない時期であり、また他の仕事との兼ね合いもあったことでだいぶ日数がかかっている。

先の現場をみに来る人びとの中に、粟田家一三代万喜三の仕事を知っている人もいて、その仕事ぶりについて驚きの目でみていたことを語ってくれた。万喜三は誰もが不可能であると考えていた石を、くるりと向きを変えるだけですっぽりと納めた、という伝説のような話を聞かせてくれたりした。

その愛弟子である粟田氏も堅実な、そしてすでに記してきたように見事な仕事をする石工であった。まず適格な石の選び方をする。そして適格な場所に石を置いていく。少しでもずれが生じた場合はきちんと収まるよう石を成形する。また常に全体のバランスをとることに神経を集中させ、正確な作業を丹念に積み上げていくことで、美しい石積みを構築していった。まさに「小さな正確を一つひとつ積み上げて大きなものを構築していく」というねばりづよい作業であった。そして「石垣の町」という伝統を受け継いできた坂本の町にふさわしい石垣を積むことができているように思う。

私は今日まで、木地師、塗師、山師、桶・樽師など、職人の仕事をみせてもらう機会が多かった。そのなかで一つひとつの作業に合理的な動作がみられることに興味をおぼえた。いかなる作業においても合理的な動きをすること、手元にある道具を使いこなすことで最大の効果を上げる、その方法を身につけているからであった。職人の仕事は第一に、決められた量を決められた時間内に、しかも最上のものを製作することであり、それができる職人が一人前といわれてきた。その中に造形的な美を創造することも忘れていなかった。そのことが芸術家や工芸家と大きく異なる点であった。

石積みの作業は、当然のことながら石を積むことだけが仕事ではない。必要な石を確保するために多くの石の中から使用する石を選定し、現場まで運搬する。そのためには運搬路の整備が必要であり、長い期間現場で生活する場合は作業するための施設も必要である。加工する道

遠くの巨石を重機が届く所まで引き寄せる

具の補修もできなければならない。重い石を移動する、持ち上げるという作業は、重機を使用する時代に変わってもとくに合理性が求められる。

この度の東本宮の現場では、石を移動する作業に関連して興味深い光景がいくつかあった。前年に解体して番号のついた石が、石積みの現場から一段下の広場に置かれていた。かなりの量の石であったので広い場所が必要であったのである。この石置き場から石積みに必要な石を運ぶ際に小さな軽い石は人力で運ぶことができた。しかし重機が届かず、人の力ではびくともしない大きな石をどのようにして運ぶのか関心を持った。

まず大きな石にワイヤーを巻いた後、ショベルカーの腕が届くところまでワイヤーを何本も繋いで石を近くに引き寄せ

人が運べる石には限界がある

る。重機の腕が届く所まで曳いた後に、一本のワイヤーにつけなおして吊り上げ、現場の近くの石置き場まで運ぶ。石につけたワイヤーはそのままつけておく。そのために一〇本あまりのワイヤーを準備していた。そして石置き場にワイヤーがなくなると、上にあげた石をさらに現場の近くにまとめる作業をした。この時に石につけたままのワイヤーを使うことにより合理的に仕事がはかどることになる。ワイヤーはただつけるのではなく、石の重心をみきわめてつける必要があるからである。

大きな積み石ばかりではなく、解体現場から出てきた直径二〇cmほどの介石や間詰石も山ほど積まれた場所があった。この石があるために重機が奥まで入ることができない。そのため、まずこの小型の石の山を崩して作業現場近くに運び、使いやすい場

高い所にグリ石を上げる工夫

所に山積みにする。これを何度か繰り返すと、ショベルカーが入る道が開け、さらに奥に置かれていた大きな石を直接重機で運ぶことができるようになった。

介石も間詰石も使いやすい場所に置いたので、一度に二つの作業をこなしたことになる。このような作業をみていると、重機がなかった時代にどのような形で石の移動や石積みをしていったのか、次の問題につながっていくことになった。

またただんだん石垣が高くなっていくと重機が届かない場所がでてくる。途中に建物や樹木があって石垣の傍まで近づけない所もあった。高い所に介石や栗石を上にあげる方法、重機が届かないときの積み石の移動、重機が十分機能しない時の工夫など、多くの工夫がみられたがここでは割愛する。

石垣全体のイメージを創り上げ、それに必

要な石材を確保し、使用する石材の選定が大事な仕事であって、それらの石を建設現場まで運び込んだ時点で六割がた仕事が終わっており、あとは石を積むだけだという。石を積む作業だけでも非常に神経を使う作業なのであるが、それ以前に必要な石を現場まで運びこんでくることが、さらに重要な作業になっていたのである。材料の確保、加工、運搬に関して、いかに合理的な段取りが必要であったかが理解できる。

重機が登場する以前には、とてつもなく多くの人が石積みの作業に従事していたという。その理由は石を移動すること、そして石を持ち上げることに多くの労力を要したからであった。石の移動作業は、二マタという道具を使っていたことはすでに述べた。三本の柱を使ったヤグラも使われていた。高松市石の民俗資料館の資料の中にみることができた。このような道具を使うために、また石工の補助作業をするために、多くの農民が招集されたのである。

築城などの作業は、稲刈りがすんでから田植えが始まる前までに行うことが多かったと伝えられている。それは食糧としての農作物の確保が重要であったこと、加えて石材や物資の輸送、石工の補助作業などに農民の技術力と労働力が欠かせなかったからであった。この時代の合戦の多くが農閑期に行われていたことも同じ理由であったであろう。

林業を生業とする村では山中の険しい斜面に道や橋を作り、キンマとよばれる木橇《きぞり》を用いて木材を専門に運搬する職人がいたし、傾斜のきつい山であれば間伐材などを使って樋状の道を作り、木材を滑らせて土場まで運ぶこともした。筏を組んで大量の木材を流送する職人もいた。いずれもかなりの技術と体力を要する作業であったが、この中には農業を生業にしていた人びとも多く含まれていた。当時の農民は農業を生業としつつ、さまざまな形で技能を取得し力を発揮していたことがわかる。

石材の運搬については明らかにできていないが、木材よりも重い上に扱いが難しい。大きな石を運搬したり高く持ち上げたりするために、専門的な技術を必要としたに違いない。このような石積みの仕事には多くの農民が加わっていたという。専門職の石工を中心にして、それぞれが専門的な職人として作業に参加していたであろう。多様な技術を保有していたのが当時の農民であった。坂本の町並形成に際しても、特別な技術力を有した多くの農民とよばれていた人びとが関わっていた可能性が高かったと思う。

今回の一連の石積みの作業を通して、重機がなかった時代の技術と労働力の問題、石積みのみえない部分の構築、坂本の町(都市)形成過程のさらなる具体化、冒頭に述べた中国東北部の石積み技術との関係など、今後の課題になるさまざまな問題が浮上してきた。

とくにこの度は、正面から石と向かい合って対話をすること、一つひとつの小さな作業を積み上げていくことで、大きな仕事を成し遂げていくことの大切さを改めて教えられたように思う。そして代々粟田家に伝わる穴太衆積みの、もっとも基本とする考え方を頑固に継承しようとする石工の姿を追うことができたのは幸いなことであった。

なおこの書を上梓するにあたり粟田純徳氏と二人の若い職人さん、そして後半からこの作業に加わったベテランの職人さんにたいへんお世話になった。見学に際しては、なるべく目立たないように心がけたつもりであったが、多分邪魔だと思われたことが何度もあったことであろう。また一四代純司氏には、穴太衆積みの技術的なことについて多くのご教示をいただき、本文の推敲もしていただいた。とくに技術面に関しては、できるだけ正確を期したかったのでたいへんありがたかった。

第2章以降に関しては、左記の文献を使用した。日吉大社からは『日吉大社大年表（二〇一八）』『日吉神社境内保存管理環境保全計画書（二〇〇九、二〇一九）』『日吉神社関係明細書（昭和初期）』など、貴重な文献・資料を提供していただいた。また延暦寺関係の文書を数多く収蔵している叡山文庫には何度も通わせていただいた。

なかでも地域で研究を続けておられる岡本永治、須原紀彦、中嶋秀和、松野孝一、山口幸次の各氏には多くのことをご教示いただき、また共に現地に出向いて種々の事柄を確認できたことがとても役立っている。郷土研究は「郷土を研究するのではなく、郷土で研究することである」という柳田国男の言葉を実践されているという印象を受けた。また公人および山王講関係の貴重な資料を提供してくださった松島須美子氏と吉田茂氏に御礼を申し上げたい。以上、私の研究を支えてくださり、またご協力くださった皆様方に心から御礼を申し上げたい。

二〇二一年一月

近江坂本にて　著者記す

〈主な参考文献〉

日吉大社『日吉大社大年表』日吉大社大年表編さん委員会　2018

日吉大社『国指定史跡日吉神社境内保存管理・環境保全計画書』　2009

日吉大社『史跡日吉神社境内整備基本計画書』　2019

日吉大社『日吉神社関係諸社明細表昭和5年（1930）』沖縄県を除く

「別当大師堂（生源寺）維持概則」松島家蔵　1979

「山王講之所」生源寺蔵書　叡山文庫蔵　江戸時代

「蔵の辻山王講高物成帳」叡山文庫蔵　寛政四年

宇治谷孟『日本書紀』講談社学術文庫　1988

国史大系編集会『延喜式』吉川弘文館　1986

大津市『大津市埋蔵文化財調査年報』　2004

大津市「中世の坂本」『坂本町なみ報告書』　1980

大津市歴史博物館『古絵図が語る大津の歴史』　2000

大津市歴史博物館『比叡山―みほとけの山』　2015

日本歴史大辞典編さん委員会『日本歴史大辞典』河出書房新社　1985

眞山増誉『明良洪範（25巻、続篇15巻）』国書刊行会　1912

滋賀県蒲生郡『近江蒲生郡志』　1922

志賀町史編さん委員会『志賀町史第2巻』志賀町　1999

小牧実繁『新大津市史別巻』大津市　1963

竹内理三ほか編『角川日本地名辞典』（角川書店）

児玉幸多ほか編『日本歴史地名体系』（平凡社）

笹山晴生他編『日本史史料集』山川出版社　2007

石川松太郎校注『庭訓往来』東洋文庫　1996

森　浩一『古代日本と古墳文化』講談社学術文庫　１９９１
木村茂光『日本古代・中世畑作史の研究』校倉書房　１９９２
西岡虎之介『荘園史の研究下巻』岩波書店　１９７８
網野善彦『海と列島の中世』講談社学術文庫　２００３
景山春樹『比叡山』角川選書　１９７５
武　覚超『比叡山三塔諸堂沿革史』１９９３
平野隆彰『穴太の石積』かんぽう　２００７
高島幸次「江戸時代の山門公人衆」『国史学研究第4号』１９７８
辻　博之「中世における近江坂本の発展と都市景観」『ヒストリア』大阪歴史学会　１９８０
松野孝一『穴太頭と高畑村』２０１６
松野孝一『坂本・下阪本・唐崎の水と生活』２０１８
岡本永治「穴太頭の成立とその後」２０１０
山口幸次『日吉山王祭』サンライズ出版　２０１０
須藤　護「比叡山坂本の研究ⅠⅡⅢ」「国際文化研究」龍谷大学　２０１１〜１３

著者略歴

須藤　護（すどう・まもる）

1945年　千葉県生まれ
武蔵野美術大学造形学部建築学科卒業
近畿日本ツーリスト（株）、日本観光文化研究所々員、
龍谷大学教授を経て現在民俗文化財保護事業と地域研究に従事
民俗学専攻

主要著書・論文

「奥会津の木地師」『民具と生活』日本生活学会1976
『暮らしの中の木器』ぎょうせい1982
『東和町誌 各論編第２巻 集落と住居』山口県東和町1986
『ふるさと山古志に生きる』（共著）農文協2007
『木の文化の形成－日本の山地利用と木器の文化』未来社2010
「苗族の住まいと木工技術」『国際文化研究』龍谷大学2006
「古代の轆轤工と渡来人ⅠⅡ」『国際文化研究』龍谷大学2009～10
『雲南省ハニ族の生活誌』ミネルヴァ書房2013
『あるくみるきく双書－宮本常一と歩いた昭和の日本』（共著）農文協　など

穴太衆積みと近江坂本の町

2021年８月２日　初版第１刷発行

著　者　須藤　護
発行者　岩根　順子
発行所　サンライズ出版
〒522-0004 滋賀県彦根市鳥居本町655-1
TEL. 0749-22-0627　FAX. 0749-23-7720

 ISBN978-4-88325-730-0